Lieber Vati,

möge dieses Buch Dir
eine kleine Hilfe sein,
auf „dem Weg nach Innen"!

Gesegnete Weihnacht
Wünscht Dir
Erika

24.12.91

Ulrich Schaffer
Beten über Worte hinaus

Ulrich Schaffer

Beten über Worte hinaus

Mit Fotogrammen des Autors

Edition Schaffer im Kreuz Verlag

2. Auflage (16.–21. Tausend) 1990

Umschlagfoto: Ulrich Schaffer
Satz, Druck und Bindung: W. Röck, Weinsberg
ISBN 3 7831 0902 7

Noch ein Buch über das Beten?

Mit Erstaunen habe ich festgestellt, wie wenig Hilfreiches ich in Büchern über das Gebet finden konnte. Ich habe allerhand Literatur durchgearbeitet, fand aber in fast allen Büchern immer wieder nur anders formulierte Aufrufe an mich, es ernster zu meinen mit dem Gebet, mehr zu glauben, meinen Pflichten als Beter nachzukommen, oder ständig neue Auslegungen des Vaterunsers. Es war mir nach der Lektüre dieser Bücher, als ob kaum einer dieser Theologen oder Schriftsteller die Fragen kenne, die mich schon seit Jahren bewegen und zu denen ich Antworten suche, mit denen ich wirklich leben kann. Antworten, die mich nicht nur immer klein, ungenügend, schlecht und unernst darstellen.

Andererseits weiß ich aus zahlreichen Gesprächen und Briefen von Lesern, daß es viele Menschen gibt, die sich mit den Fragen dieses Buches beschäftigen, die auch darunter leiden, ihre alte Gebetssprache verloren und noch keine neue gefunden zu haben. Für mich selbst und für solche, die diese Fragen haben, habe ich darum versucht, einiges von meinen Überlegungen zu formulieren.

In fast allen Büchern, die ich gelesen habe, ging es letztlich immer wieder um Gott den Herrn, den Allmächtigen, den Allwissenden, und den Menschen als den Hilflosen, Dummen, und Ohnmächtigen. Im Zentrum stand die Schuld des Menschen und die Vergebung Gottes. Ich verneine dies nicht als Thema, aber ich möchte gern darüber hinausgelangen. Es ging immer wieder um den schier unüberbrückbaren Abstand zwischen Mensch und Gott und nicht um die Möglichkeit einer Freundschaft zwischen beiden. Ich fand fast nichts, was mich da abholte, wo ich war, das mein Innenleben mit Gott wirklich ernst nahm und nicht ständig Maßstäbe von außen anlegte, bei denen ich dann schlecht abschnitt.

Der Ansatz dieses Buches ist ein anderer. Ich will mich und meine Bedürfnisse ernst nehmen. Ich will zu dem stehen, was ich kann und was ich nicht mehr kann. Ich will mich nicht einer Autorität unterwerfen, die von außen an mich herankommt, nur weil ich Angst habe, bestraft zu werden, wenn ich mich dieser Autorität nicht mehr unterwerfe. Ich gehe davon aus, daß Gott den Wunsch nach Beziehung zum Menschen hat, daß er ein Freund des Menschen sein will. Ich gehe davon aus, daß das Gebet nicht ein frommes Werk ist. Ich bin darum nicht mehr bereit, Gott gütig zu stimmen, weil er mich sonst verdammen könnte. Ich will über die Formen des Gebets, die ich nicht mehr mit meinem Wesen füllen kann, hinausfinden zu denen, in welchen ich mit meinem ganzen Wesen leben kann. Ich will mich nicht mehr darauf konzentrieren, was mir noch alles fehlt, sondern auf das, was ich habe, und froh über meinen inneren Reichtum und meine Reife sein. Dieses Buch ist darum eigentlich nur für die, die an einem ähnlichen Ort in ihrem Leben stehen und es von diesem Ansatz her lesen. Andere könnten sich vielleicht darüber ärgern.

Ich werde kaum auf andere Autoren eingehen, und wenn ich zitiere, dann nur solche, die mir hilfreich waren. Mir geht es nicht darum, die Sicht anderer zu entkräften oder als ungenügend hinzustellen. Ich glaube, daß das Gebet etwas sehr Persönliches ist, bei dem jeder zu seiner Form finden muß. Um zu meiner Form zu finden, hilft es mir, meine Wünsche und Schwierigkeiten so zu formulieren, wie ich es in diesem Buch getan habe. Ich möchte es noch einmal betonen: Ich will niemandem seine Gebetsform strittig machen, aber ich will mich auch keiner Form anschließen, die für mich nicht mehr sinnvoll gefüllt ist. Dies ist darum ein sehr persönliches Buch, auch wenn es manchmal über das Persönliche, Bekenntnishafte hinauszugehen scheint.

Im ersten Hauptteil möchte ich ganz knapp die gedanklichen Hintergründe aufzeichnen, die mich zu einem veränderten Verständnis des Betens geführt haben. Ich merke, daß sich mein Beten so verändert, wie sich mein Gottesbild wandelt. Im zweiten Hauptteil beschreibe ich einige Haltungen, die für mich zu einem bewußteren Leben und Beten führen. Auch das gehört eigentlich noch zum Hintergrund für den dritten Hauptteil. In dem dritten Teil geht es mir um das Entdecken einer neuen Gebetssprache, oder um ein anderes Verständnis von den Handlungen, die viele von uns ausführen, aber nicht als Beten verstehen. Für mich ist Beten die Sprache des ganzen Wesens, also nicht nur ein verbaler Akt. Ich will lernen, mit meiner Existenz zu beten.

Auch in diesem Buch, wie in meinen anderen, geht es mir nicht darum, einen »richtigen« Weg vorzuschlagen oder Rezepte anzubieten. Was für mich sinnvoll sein mag, muß nicht unbedingt für jemand anderen sinnvoll sein. Jeder muß seinen ganz eigenen Weg finden. Ich hoffe, daß das Buch in diesem Sinne eine Ermunterung auf der eigenen Reise sein kann.

Ulrich Schaffer
Burnaby, Canada

Für die schweigenden Beter,
die sich in Worten nicht mehr wohl fühlen,
die in ihrer Sprachlosigkeit das suchen,
was jenseits des Faßbaren liegt.

Für die,
die ahnen,
daß innen und außen
auf geheimnisvolle Weise zusammengehören,
und für die es keinen Ort mehr gibt,
wo sie Gott nicht finden.

Für die,
die bewußt mit ihrem Wesen sprechen
und mit ihrem Leben reden.

Hintergründe

Eine neue Haut

Fast jede große Veränderung in unserem Leben geschieht in einer langen Vorbereitung, ob wir uns dessen bewußt sind oder nicht. Ich glaube, daß wir die Veränderung selbst stärker steuern, als wir oft meinen. Wir mögen sie auf Umstände, Begegnungen oder auf Strömungen der Zeit zurückführen und übersehen dabei, daß wir auch bei diesen mitwirken: Wir bringen uns selbst in gewisse Umstände, wir entscheiden, ob wir eine Begegnung vertiefen wollen oder nicht, und wir bestimmen mit, wie die Zeit sich verändert, durch das, was wir annehmen oder ablehnen. Wir fädeln das ein, was wir brauchen, was uns herausfordert und womit wir leben können. Gott, eine innere Weisheit, ein oft unbewußter Drang zu wachsen, sie alle bringen uns in immer neue Situationen, die uns zur Reife führen können, wenn wir uns herausfordern lassen und etwas aus ihnen machen. Wir basteln uns unsere innere und äußere Heimat selbst. Wir sind beteiligt an der Form unseres Lebens.

Mein Gottesbild hat sich in den letzten zehn Jahren merklich verändert, weil ich das, mit dem ich aufgewachsen bin, nicht mehr in der Weise füllen konnte wie vor zwanzig Jahren. Manche Erlebnisse, ein konsequenteres Denken, der Versuch, Glauben und Leben mehr zu einer Einheit zu machen, wie auch lebendige Begegnungen mit Menschen oder Büchern haben dazu beigetragen, diese Veränderungen in der Tiefe meiner Persönlichkeit anzusiedeln. Einige der wichtigsten Gedanken möchte ich in diesem ersten Teil ansprechen. Sie bilden den Hintergrund, auf dem das Verständnis von Gebet im restlichen Buch gründet.

Wie eine Schlange, die sich häutet, bereits schon unter der Haut, die sie abstößt, eine neue Haut hat, so erlebe ich manche meiner Veränderungen. Manchmal ist das Bild des Schorfes, der von einer Wunde fällt, wenn die neue Haut darunter so weit gewachsen ist, daß sie ihre Funktion übernehmen kann, noch passender. Ich erlebe manche Veränderungen als schwer, weil sie mit Wunden zu tun haben. Etwas Altes, Liebgewonnenes zu verlieren, selbst wenn ich weiß, daß das »dran« ist, kann schmerzhaft sein. Es ist ein Stück Verlust, auch wenn ich weiß, daß ich im Wachstum begriffen bin. Ebenso ist es schmerzhaft, bei diesem Wachsen Freunde zu verlieren, die den Weg nicht mitgehen können oder wollen und meinen, sich dagegenstellen zu müssen. Das scheint zu diesen Veränderungen dazuzugehören.

Ich versuche auf diesem Weg so bewußt wie möglich auf mein Tempo und meinen Rhythmus zu achten und mich dabei nicht zu über- oder zu unterfordern. Am stärksten aber spüre ich oft die Freude über die neue Haut und fühle mich einfach wohl in ihr.

Viele können nicht mehr beten

Dies ist ein Buch für Menschen, die nicht mehr beten können oder zumindest große Schwierigkeiten damit haben. Es ist ein Buch für die, die zugeben können, daß sie nicht mehr wissen, wie sie noch beten können. Es ist ein Buch für die, die aus dem Gebet in irgendeiner Form emigriert sind und dabei ein schlechtes Gewissen haben oder einfach nicht wissen, wo es weitergehen kann.

Für viele von uns ist der Stand des Gebetslebens identisch mit dem Stand des Glaubenslebens. Wer noch aktiv betet und an seine Gebete glaubt, der steht geistlich richtig. Beten heißt, den Draht zu Gott nicht verloren zu haben. Beten heißt glauben, daß Gott hört und sich für uns interessiert. Beten heißt das Richtige tun, auch in aller Verzweiflung und Hoffnungslosigkeit. Beten heißt Gott als den Herrn anerkennen. Beten heißt dankbar sein.

Man könnte die Liste beliebig fortsetzen. Aber nun scheint es Menschen zu geben, die Gott lieben – was das auch im einzelnen heißen mag – und zunehmend von Jesus und seinem Leben fasziniert sind, die aber nicht mehr in den üblichen Formen beten. Sie haben keine Worte mehr, sie machen keine Worte mehr. Sie haben es einmal getan, sie haben Gebetszeiten und Gebetslisten gehabt, sie haben jeden Tag gebetet, sie haben an Gebetswachen, die durch die ganze Nacht gingen, teilgenommen. Sie haben das Vaterunser oft gebetet, sie haben aufgeschriebene Gebete von andern nachgebetet oder auch ihre eigenen aufgeschrieben. Sie haben unterscheiden gelernt zwischen Bitten, Danken und Loben. Sie haben die Gebete der Bibel studiert. Sie sind zu Betern geworden.

Aber jetzt ist es vorbei. Sie haben aufgehört zu beten. Oder genauer gesagt: Es hat in ihnen aufgehört zu beten. Sie können kaum noch einen Gebetssatz über die Lippen bringen. Und sie haben dafür ein schlechtes Gewissen und beginnen an der Echtheit ihres Glaubens zu zweifeln. Ihre Freunde sagen ihnen unmißverständlich, daß etwas mit ihnen nicht stimmt. Manchmal glauben sie das auch, aber sie können trotzdem nicht beten, weil es für sie unwirklich scheint. Es fällt ihnen auch zunehmend schwerer, die Gebete anderer anzuhören. Sie bleiben darum manchmal fern, was für andere der beste Beweis ist, daß etwas mit ihnen nicht stimmt. In ihnen hat sich eine verbale Wüste aufgetan. Da gedeihen keine Worte mehr. Die Worte, die sie dann trotzdem formulieren, weil sie Angst haben, es nicht zu tun, wirken wie Hohn für den Betenden. Sie scheinen nicht weiter als die Zimmerdecke zu reichen.

Hier gibt es nun zwei Möglichkeiten. Entweder entschieden weiter zu beten, sich zu zwingen, sich zu überwinden, zu glauben, daß Gott hört, sich selbst in seinem Zweifel zu mißtrauen. Oder zu überlegen, ob es nicht immer noch in einem betet, aber eben ganz anders, und sich dabei zu öffnen für ein neues Verständnis des Betens. Vielleicht heißt Nicht-mehr-beten-Können überhaupt nicht, daß man nicht mehr betet. Diesem Gedanken möchte ich nachgehen. Der österreichisch-amerikanische Benediktiner David Steindl-Rast schreibt in seinem Buch »Fülle und Nichts«: »Heute werden viele, deren Durst nicht weniger brennt, den Namen ›Gott‹ nicht gebrauchen wollen, und das wegen jener unter uns, die ihn verwenden.« Vielleicht gibt es eine ganz andere Art von Betern in der Welt, und es wird Zeit, daß wir sie entdekken. Vielleicht stellen wir dabei fest, daß wir zu ihnen gehören.

Gott verändert sich in uns

Die Einstellung zum Gebet, zum Beten, ist ganz eng verbunden mit dem Gottesbild des Betenden oder des Menschen, der nicht mehr beten kann. Der, dessen Gottesbild sich verändert, der unterwegs ist in seinem Glauben, wird es schwer finden, in den alten Gebetsformen zu bleiben. So wie sich sein Gottesbild verändert, werden sich wahrscheinlich auch seine Gebetsformen verändern. Zu den Veränderungen mag auch das Schweigen oder Nicht-mehr-beten-Können gehören. Sprachlos im Gebet zu werden ist also nicht notwendigerweise ein Ausdruck einer Glaubenslosigkeit, sondern häufig Ausdruck des Gegenteils: eines aktiven, sich verändernden und sich bildenden Glaubens, der sich gerade in der Veränderung nicht mehr die Worte genehmigt, die er einmal gemacht hat. Oder der diese bekannten Worte nicht mehr gebrauchen kann, weil sie leer wirken, und der nicht bereit ist, sie dennoch zu gebrauchen, weil er das Empfinden hat, sich dann selbst zu betrügen.

Bei jeder Weiterentwicklung geht es ja nicht in erster Linie um das Zerstören oder Schlechtmachen des Gewesenen. In der gesunden Entwicklung fällt es ab, weil es nicht mehr paßt. Die Entwicklung des Menschen, im reifen Sinne, tritt nie in Konkurrenz zu Gott. Es ist nicht der Wunsch, Gott gleich zu sein, wohl aber der Wunsch, ein eigener, sich seiner selbst bewußter Mensch zu sein. Ich sehe mich in einer Veränderung begriffen. Meine Sicht von mir entscheidet, wie ich mich erlebe, was ich von mir erwarte und letztlich auch, wie ich handle. Es geht nicht um die Unabhängigkeit des Menschen von Gott, wohl aber um das Sich-Lösen von der Herrschaft der Angst, die uns an ein primitives Gottesbild bindet, uns unmündig hält und Wachstum und Reife verhindert.

Manche werden in diesem Buch Rebellion gegen Gott lesen. Wo das geschieht, weiß ich, daß sie an meinen Grundgedanken vorbeigelesen haben. Ich habe nichts gegen Gott, ich habe noch nicht einmal ein Emanzipationsbedürfnis. Sich von Gott emanzipieren zu müssen, das deutet darauf hin, daß sich Gott wider den Willen des Menschen in sein Leben eingeschlichen hat. Das mag bei manchen der Fall sein. Vielleicht haben sie Gott als Kind überliefert bekommen und finden nun zu keinem erwachsenen Verhältnis zu ihm. Er ist in sie verhakt und behindert sie. Sie müssen gegen ihn aufbegehren. Tilmann Mosers Buch »Gottesvergiftung« ist ein gutes Beispiel dafür. Ich verstehe diese Haltung, es ist aber *nicht* die Haltung, aus der dieses Buch geschrieben wurde. Ich muß nicht gegen Gott rebellieren, weil ich unsere Beziehung nicht als die zwischen einem Herrn und Knecht erlebe. Mein Ansatz ist, mich dagegen zu wehren, daß ich mich zur Ruhe begebe und faul werde, wenn noch so viel in mir zur Weiterentwicklung steckt. Ich löse mich nicht von Gott, sondern kehre mich zu mir, zu meinen Möglichkeiten und damit auch zu allem, was Gott in mich hineingelegt hat. Wenn ich mich wahrhaft zu mir kehre, kehre ich mich auch zu Gott.

In diesem Unterfangen vermute ich Gott ganz stark bei mir. Er kann nicht gegen die Erweiterung und Vertiefung meines Lebenspotentials sein, weil er ein Gott des Lebens ist. Mein Ansatz ist also ein positiver und nicht ein zerstörerischer oder gar rebellischer. Ich bin kein Revolutionär, sondern eher einer, der sich um konstantes Wachstum bemüht. Aber vielleicht ist Wachstum ja schon ein rebellisches Unternehmen innerhalb einer Gesellschaft mit Institutionen – zu denen auch die Kirche gehört –, die möglichst erhalten sollen, was sich bewährt hat, auch wenn das gegen Wachstum geht.

Er hält dir stand,
auch wenn du Gedanken denkst,
die an ihm rütteln
und ihn auflösen könnten.

Er schützt sich nicht mit Macht,
wie ein Herrscher, der um seinen Thron bangt.
Freie Zuwendung wünscht er,
ohne die Angst der Unterdrückung.

Und wenn du meinst,
ihn gerade hinter dir gelassen zu haben,
triffst du ihn vor dir wieder,
verwandelt und neu.

Wir können gottlos werden,
aber Gott wird nicht menschlos,
und darum sind wir Gott nie los.

Das Wort

Wir glauben an das Wort. Wir glauben an die Zauberkraft des Wortes. Es steckt tief im Menschen, daß »das Wort haben« Macht gibt. In der Schöpfungsgeschichte wird berichtet, daß Adam alles benannte. Damit konnte er herrschen. Auch heute ist das nicht anders. In der modernen Computer-Welt reicht es manchmal schon aus, den Namen eines Menschen zu haben, um in seine ganz persönlichen Geheimnisse einzudringen. Wir wissen auch, welche Macht das gedruckte Wort hat, auch wenn das Gedruckte nicht wahr ist. Heinrich Bölls »Katharina Blum« hat das deutlich gemacht.

Aber auch im Positiven wissen wir von der Macht des Wortes. Wir reden von Wortgewalt, von der Formulierungsgabe eines Menschen und von der Kraft des Ausdrucks. Wie diese Macht eingesetzt wird, entscheidet, ob sie lebensförderlich oder lebenzerstörend ist. Die Grenze zwischen beiden ist fließend. Wo wird aus Stärke Gewalt?

Wir verstehen uns als Menschen des Wortes. Fast alle, die es in unserer Gesellschaft zu etwas gebracht haben, haben entweder geschrieben oder gesprochen. Durch Schweigen ist es schwer, glaubhaft und durchschlagend zu wirken. So meinen wir wenigstens. (Elie Wiesel ist einer der wenigen Schriftsteller, die gerade dem Schweigen eine große Stärke beimessen, und er hat versucht, es in seinen Romanen zu gestalten.)

Weil wir dem Wort diese zentrale Stellung gegeben haben, hat sich wahrscheinlich unser Beten auch stark in Richtung »Reden« entwickelt. Beten heißt etwas sagen. Ich glaube auch, daß Reden der eher männliche Ausdruck ist, mit der Umwelt in Beziehung zu treten. In einer durch Männerwerte geprägten Welt hat das Wort eine hohe Bedeutung und läuft gleichzeitig Gefahr, leer zu werden, weil es stärker zur männlichen

Art gehört, nicht aus einem Stück zu leben und das Wort und seinen Inhalt trennen zu können. So sind es oft die Frauen, die den Männern spiegeln, daß ihre Gebete nur noch Formeln, nur noch Worthülsen sind.

Das Leerwerden von Gebeten und Gebetssprache ist auch mit dem Sonderstatus dieser Sprache verbunden. Wir meinen manchmal, daß Worte, die besonders gewählt gesagt werden, eine größere Wirkung haben. Wir versuchen, Gott durch Wortwahl und Ton von unserer Ernsthaftigkeit zu überzeugen, und betrügen uns dabei doch nur selbst. Diese Art von Gebetssprache kommt nicht aus dem Leben und führt nicht zurück ins Leben. Martin Walser läßt eine Frau in seinem Roman »Halbzeit« folgendes in ihr Tagebuch eintragen: »Mit Lissa in der Kirche. Der Zwang, an Anselm zu denken, ist stärker. Da darf ich in meinen eigenen Worten denken. Die feierliche Amtssprache der Kirche klingt fremd. Kunstgewerbe-Vokabular. Luft aus einem Fön. Glauben die Frommen, Gott höre sie nur, wenn sie beten, er habe keine Ahnung von den Worten, die sie sonst denken und sagen? Man kann sich nicht vorstellen, daß der Pfarrer erlebt hat, was er in der Predigt erzählt. Mein Leben ist in der Gebetssprache nicht mehr unterzubringen. Ich kann mich nicht mehr so verrenken. Ich habe Gott mit diesen Formeln geerbt, aber jetzt verliere ich ihn durch die Formeln. Man macht einen magischen Geheimrat aus ihm, dessen verschrobenen Sprachgebrauch man annimmt, weil Gott ja von gestern ist. Ich bin stumm, wenn ich beten will. Immer die Gefahr, abgelenkt zu werden von inneren Geräuschen. Die leiseste, unhörbarste Stimme in mir ist meine Gebetsstimme. Traut sie sich nicht, lauter zu sein, oder hat sie nicht mehr die Kraft?«

Das Wort hat nur ein Recht in unserem Leben, wenn es Hand in Hand mit dem Schweigen und mit der Tat geht. Nur Worte zu machen ist eine der gefährlichsten

Formen des Selbstbetrugs und des Betruges anderer. Je versteckter der Betrug ist, desto subtiler werden die Worte gewählt. Solange die Subtilität des Ausdrucks wächst, gelingt der Betrug. Indem wir über eine Sache reden können, werden wir sie uns vom Leibe halten. Indem wir Gott anreden, brauchen wir ihn nicht anzuhören. Indem wir ihn anreden, brauchen wir uns nicht anzusehen. Wir können etwas zerreden, ehe es uns gefährlich wird. Wohl nichts drückt unseren Glauben an das Wort so deutlich aus wie unsere Furcht vor dem Schweigen.

Wenn wir innerlich über Worte hinausgelangen wollen, dann müssen wir sie wenigstens ab und zu äußerlich hinter uns lassen. Ich verstehe darum auch, daß für viele Beter der Weg vom Wort wegführt und daß das Schweigen für sie zu einem wichtigen Bestandteil ihres Gebets wird. In dem klassischen Werk »Die Wolke des Nicht-Wissens«, von einem unbekannten Mystiker im vierzehnten Jahrhundert in England verfaßt, heißt es: »Der Kontemplative verwendet selten Worte beim Beten, und wenn, dann nur wenige. Je weniger, desto besser.«

Das Gebetsgefälle

»Ich habe neulich darüber nachgedacht, ob ich wohl von Gott etwas annehmen oder begehren wollte: Ich möchte mir das sehr überlegen, weil ich da, wo ich der von Gott Empfangende wäre, unter ihm oder unterhalb seiner stünde, wie ein Diener oder Knecht; er selbst aber Herr wäre durch sein Geben; und so soll es mit uns nicht stehen im ewigen Leben.«

MEISTER ECKHART
deutscher Mystiker, 1260–1327

Ein Wort wie dieses läßt sich auf zumindest zwei grundverschiedene Weisen auslegen. Man kann Meister Eckhart Hochmut, Überheblichkeit und Anmaßung vorwerfen. (Das Inquisitionsverfahren gegen ihn begann 1326 wegen Verbreitung glaubensgefährdender Lehren, konnte aber nicht zu Ende gebracht werden, weil er starb.) Er stellt sich Gott gleich, er begeht noch einmal die Sünde, die im Paradies begangen wurde. Oder aber sein Wort ist Ausdruck eines ganz tiefen Verlangens nach einer Nähe zu Gott, welche die geläufige Nähe des Menschen zu Gott weit übertrifft. Er will nicht mehr das übliche Gefälle, den großen, unüberwindbaren Abstand zwischen Mensch und Gott, sondern er wünscht die Beziehung, wie sie zwei Freunde haben.

Ich verstehe Meister Eckhart auf die zweite Weise und teile das Gottesverständnis, das in diesem Text zum Ausdruck kommt. Für mich ist die Rolle des Menschen, der sich Gott unterwirft, nicht mehr diskutabel, weil sie aus Angst entstanden ist. Ich will Gott nicht mehr auf der Basis irgendeiner Angst begegnen, weil ich weiß, daß die Angst die Liebe zerstört und Abstand schafft. Auch ist Beziehung nur in dem Maße möglich, wie zwei Wesen eigenständig und auch zu einem gewissen Grade unabhängig voneinander sind. Ich will mich also auf mich konzentrieren und zu der reifen Persönlichkeit werden, die ich werden kann. Dadurch wird es immer mehr möglich, Gott ein Gegenüber zu werden, das nicht nur sein Glück darin sieht, ganz von Gott abhängig zu sein.

Ich weiß, daß es unter unseren Vorfahren viele gegeben hat, die in der Abhängigkeit des Menschen von Gott das höchste Glück des Menschen verstanden. Ich denke an Kierkegaard, dessen Gedanken mir sonst sehr wertvoll sind, aber wenn er schreibt: »Gottes bedürfen ist des Menschen höchste Vollkommenheit«, dann scheint er mir hier noch gefangen zu sein in einem Gottesverständnis, das den Menschen in seiner Würde nicht ernst genug nimmt. Die Selbständigkeit des Menschen, so wie ich sie verstehe, trennt den Menschen nicht von Gott, sondern macht eine vorher nie dagewesene Nähe von Mensch und Gott überhaupt erst möglich. Wenn meine Kinder, die mich als Kinder brauchen, weil sie von mir äußere und innere Zuwendung bekommen, später selbständig werden, können sie mir gerade in ihrer Selbständigkeit auf eine ganz neue und tiefe Weise begegnen. Ihre Liebe ist viel mehr als nur Dankbarkeit für meine Versorgung. Sie ist ihre frei entschiedene Zuwendung, weil sie sie mir geben wollen, nicht weil sie sie mir schulden. Das Gefälle zwischen ihnen und mir ist fast verschwunden, auch wenn sie immer noch meine Kinder sind und es auch bleiben werden. Unsere Beziehung wird nicht mehr von dem Gefälle her verstanden.

So möchte ich mit Gott leben. Ich will nicht so tun, als gebe es das Gefälle nicht, aber ich will unsere Beziehung nicht mehr von daher verstehen, weil es nicht Zentrum unserer Beziehung ist. Die freiwillige Liebe zwischen Gott und mir steht im Zentrum, und es ist sie, die unsere Beziehung prägt und bestimmt.

Erwachsen werden

Veränderung begegnet uns ständig in vielen Bereichen unseres Lebens. Unsere Zeit ist so schnellebig, daß wir kaum nachkommen. Die Veränderungen, die wir in den letzten zwanzig Jahren allein im Bereich der Technologie erlebt haben, sind kaum faßbar. Diese Veränderungen bringen Verunsicherung mit sich, mit der wir auf zweierlei Weise umgehen können. Wir können Angst vor ihr haben und versuchen, sie uns vom Leibe zu halten. Das heißt, daß wir konservativ bleiben, uns zurückziehen, dem Neuen nicht trauen, uns selbst nicht verändern und die Tradition und das durch Jahre hin Bewährte betonen. Oder aber wir können versuchen, die Veränderung in unser Leben aufzunehmen und nichts auszuschließen, bevor wir es nicht geprüft und näher besehen haben. Hier werden wir dann versuchen, unser Leben wieder aus einem Stück zu leben und nichts auszuschalten, nur weil es neu und anders ist.

Diese Entwicklungen betreffen auch den Glauben. Wir tun manchmal so, als ob der Glaube unveränderlich sei, als wäre er unantastbar, und merken gerade dadurch, wie er nicht mehr unser Leben prägt. Wir fallen aus dem Leben heraus, wir halten eine natürliche Entwicklung auf. Der Gott im Zeitalter der Computer wird ein anderer Gott sein als jener der industriellen Revolution des neunzehnten Jahrhunderts. Und dieser war ein anderer Gott als der Gott der Reformation. Und der wiederum war ein ganz anderer Gott als der Gott, der angerufen wird, die Kinder der Feinde an den Säulen des Tempels zu zerschlagen. Mit dem letzteren Gott möchte ich nichts zu tun haben. Das Gottesbild gehört einer Zeit an, in der ich mich nicht wiederfinde und von der ich keine Bestimmung für mein Leben annehme. Ich lehne auch einen waffensegnenden Gott für mich ab, oder einen, der auf Seiten der Kapitalisten ist, weil er uns alle reich und glücklich machen will, wie ich es hier jeden Sonntagmorgen im Fernsehen sehen und hören kann. Hier kommt dann der Einwand, daß Gott sich nicht verändert. Ob sich nun Gott verändert oder unser Bild von ihm, ist letztlich auch gleichgültig. Es geht um unser Erlebnis, das durch unser Bild von Gott geprägt wird. Dem können wir uns nicht entziehen. Für mich ist Gott das Wesen, das sich mit mir, aber auch mit allen anderen verbindet, um unserem Leben Sinn zu vermitteln.

Für mich ist es der Glaube, der aus den Splittern meines Lebens eine Einheit macht. Der Glaube zersplittert die Welt nicht, schafft keine Enklaven, in die das Leben nicht hinein darf. Für viele ist der Glaube unvereinbar mit manchem, was sie sonst tun und denken. Es ist darum auch zu verstehen, daß oft gerade die Intelligentesten einen Kinderglauben haben. Nicht einen kindlichen Glauben, aber einen Glauben, der auf der Stufe des Kindes stehengeblieben ist, weil er eine Sicherheit gegen die Differenziertheit der Welt bietet. Da klaffen dann manchmal Leben und Glauben tragisch auseinander und zerreißen den Menschen. Unter Christen wird gern die Matthäusstelle zitiert: »So ihr nicht werdet wie die Kinder, werdet ihr nicht in das Himmelreich kommen.« Ich glaube, daß es hier um die Fähigkeit zu Vertrauen geht, die uns das Glauben möglich macht. Ohne zu vertrauen, ist Glaube unmöglich. Das Reich Gottes ist etwas Unsichtbares, nicht durch die Logik faßbar, und es ist nur durch Vertrauen zu betreten. So verstehe ich die Haltung des Kindes, das dem Erwachsenen vertraut. Aber wenn ich diesen Schritt gemacht habe, wenn ich vertraut habe und in das andersartige Reich eingetreten bin, mich darin mehr und mehr zurechtfinde, dann beginnt wieder ein Wachstumsprozeß. Dann wachse ich in meiner Vertrauensfähigkeit, aber auch in meiner Fähigkeit, mehr und mehr zu verstehen von dem, was ich vorher nur geglaubt habe. Damit bewege ich mich nicht gleich aus dem Reich Gottes hinaus. Das Vertrauensverhältnis des Kindes zum Erwachsenen wird nicht zerstört, wenn das Kind zu fragen beginnt, wenn es den Erwachsenen sogar hinterfragt. Es gehört zu dem lebensmäßigen Entwicklungsprozeß, und der wirklich erwachsen gewordene Mensch wird es begrüßen.

Wenn das schon unter Menschen so ist, wie viel mehr muß es dann zwischen Menschen und Gott möglich sein, wo doch Gott nie an seiner Autorität, an seiner Göttlichkeit zweifeln muß. Ich darf darum alle Fragen in mir ernst nehmen. Ich darf erwachsen werden und einen erwachsenen Ausdruck meines Glaubens suchen. Ich werde Gott nicht verlieren, weil ich erwachsen werde.

Das Kindsein festzuhalten ist ein regressiver Schritt, den Jesus sicherlich nicht gemeint hat. Sich die Vertrauensfähigkeit zu erhalten und mit ihr zu wachsen ist sehr wichtig, wenn wir nicht zu zynischen Menschen werden wollen, die nichts und niemandem mehr trauen. Aber diese Vertrauensfähigkeit darf nicht auf Kosten des Erwachsenwerdens erhalten werden. Der wahrhaft erwachsene Mensch kann vertrauen, sogar dann, wenn er enttäuscht wird, weil das Vertrauen für ihn eine Entscheidung ist. Der kind-gebliebene Mensch vertraut nicht, sondern folgt blind. Er will nicht deutlich sehen, weil er dann seinen Willen einsetzen müßte, um noch weiter zu vertrauen. Er will die kindliche Geborgenheit nicht verlassen, weil er dann den Herausforderungen, die das Leben ihm stellt, begegnen muß. Aber da ereignet sich das Leben, und ich glaube nicht, daß Gott eine blinde Nachfolge, in der wir unmündig bleiben, von uns verlangt.

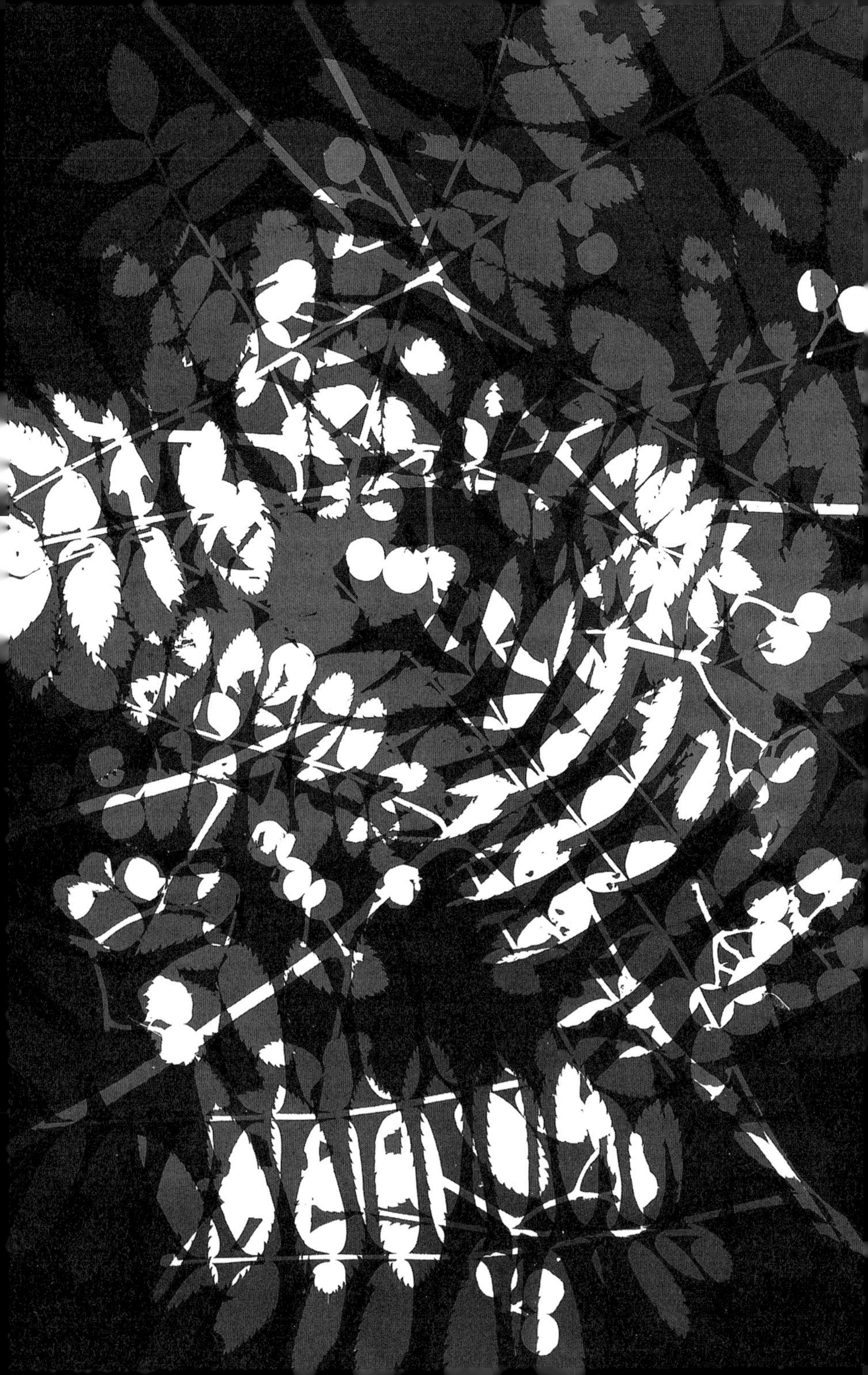

Gebet als Droge

Schon als Kinder lernen wir, daß wir zu Gott fliehen können. Er hilft uns. Er ist der Trost. Wenn alles ganz verfahren ist, dann steht er uns bei. Auf ihn kann man sich verlassen. Ich erinnere mich, wie ich als Jugendlicher einmal ein Fahrtenmesser verloren hatte auf einem großen Feld, auf dem es fast unmöglich war, es wiederzufinden. Ich betete und fand es wieder. Dieses Bild von Gott dem Retter, der das wieder gutmacht, was ich verkehrt gemacht habe, gehörte zu meinem Bild von Gott – und gelegentlich spüre ich das heute noch in mir.

Aber die Flucht ins Gebet kann die Flucht aus der Verantwortung in die Abhängigkeit sein. Wir versuchen vor den Konsequenzen unserer eigenen Handlungen zu fliehen. Anstatt uns darüber klarzuwerden, wo und wie wir selbst etwas anders machen können, bitten wir Gott, die Umstände zu verändern. Wir werden oder bleiben Kinder, die nicht ganz verantwortlich sind für ihre Handlungen und die dann gerettet werden müssen. Beten kann wie eine Droge sein. Drogen haben die Eigenart, daß sie den Benutzer immer abhängiger machen. Ohne die Droge funktioniert nichts mehr wirklich. Mit der wachsenden Abhängigkeit zerfällt langsam, aber sicher die Fähigkeit, das Leben zu meistern. Es kann nur noch mit der Droge gemeistert werden. So leben manche Menschen: Sie können nur noch mit der Droge Gebet leben. Und daraus machen sie dann etwas Heiliges, Anstrebenswertes. Der eigene Mangel wird überhöht, wird als besondere Tugend gepriesen. Argumentiert wird dann meistens damit, daß die größere Abhängigkeit von Gott etwas Erstrebenswertes ist.

Ich will hier nichts gegen die »großen Beter« der Vergangenheit sagen. Was für sie das Gebet gewesen ist, kann und will ich rückblickend nicht beurteilen. Aber was ich öfter um mich herum merke, ist, daß das Gebet Menschen nicht fähiger macht zu leben. Das Gebet gibt ihnen einen Ausweg, so daß sie sich nicht wirklich mit sich selbst befassen müssen. Sie können weiter unreif bleiben und sich dabei sogar wohl fühlen. In den Gebeten sind dann viele Formulierungen, oft jammernd vorgetragen, wie »Gott, tu das« und »Gott, gib das«, wobei sie sich die meisten dieser Bitten durch ihr eigenes Engagement selbst erfüllen könnten. Das gibt mir zu denken.

Ich glaube, daß es zwei ganz wichtige Kräfte in uns gibt. Die eine Kraft ermutigt uns, erwachsener, unabhängiger, verantwortlicher zu werden. Kinder träumen davon, erwachsen zu werden: »Wenn ich groß bin!« Es ist die Kraft in uns, die bestrebt ist, das eigene Leben zu gestalten, es nicht durch die Umstände, andere Menschen oder durch die Zeit gestalten zu lassen. Sie läßt uns zu den eigenen Handlungen stehen, ganz gleich, ob sie erfolgreich oder fehlerhaft waren. Die andere Kraft, die nicht weniger stark ist, will das Gegenteil. Sie will, daß wir Kinder bleiben, mit all den Attributen des Kindseins: der Abhängigkeit, dem Abgeben der Verantwortung, dem Unselbständigsein, dem Sich-Betreuen-Lassen. Sie wälzt die Verantwortung ab, entweder auf Menschen, Umstände oder auf Gott. Welcher Kraft wir die Bestimmung unseres Lebens einräumen, wird entscheiden, wie wir leben, auch wann wir zu beten beginnen und wie wir beten.

Ich bin überzeugt, daß jede echte Berührung mit Gott mich lebensfähiger macht. In meinem Gottesbild ist Gott der, der die Ausbreitung des Lebens wünscht, nicht eines kranken, hilflosen Lebens, sondern eines gesunden, blutvollen Lebens. Jedes Gebet, jedes Gespräch mit Gott, jedes Erleben seiner Nähe, seiner Zuwendung macht mich darum lebensfähiger. Wenn es das nicht tut, weiß ich, daß ich in einer ungesunden Weise mit ihm lebe und umgehe.

Ein Vergleich: Eine Liebesbeziehung macht uns fähiger zu lieben, das Leben, die Welt, uns selbst zu lieben. Wo eine Liebesbeziehung das nicht in uns auslöst, ist sie krank. Wo sie uns eine längere Zeit den Weg zum Leben verschließt, uns exklusiv werden läßt, uns unfähiger macht, nach dem Motto: »Ohne dich kann ich nicht leben«, ist sie krank. Hier merken wir vielleicht die Krankheit noch, aber in der Beziehung zu Gott meinen wir, daß es in Ordnung ist. Warum? Leben ist Leben, lebenfördernd ist lebenfördernd. Gott kann nicht einerseits von mir erwarten, daß ich erwachsen und reif werde, und andererseits mich an sich binden, daß ich nicht besser mit dem Leben umgehen kann, sondern mit jeder Kleinigkeit wie ein kleines Kind zu ihm gelaufen komme. Ich verweigere mich einem solchen Gott. Das hat nichts mit Hochmut und Überheblichkeit zu tun, sondern mit einem Ernst-Nehmen Gottes, welcher der Gott des Lebens ist, von dem ich glaube, daß er mich reif und lebendig wünscht.

Wo ich mich nicht so verhalte, würdige ich Gott zu einer Droge herab, und er hört auf, mein Kommunikationspartner zu sein. Er ist der Retter vor dem Unheil, aber nicht der Befähiger, selbst mit dem Unheil umzugehen. Ich »liebe« Gott zu sehr, wenn es mich innerlich zerstört und lebensunfähiger macht. Es ist nicht die Zerstörung, die durch einen großen Einsatz erfolgt, wie etwa bei Jesus, der sich selbst treu blieb und an dieser Selbsttreue starb, aber es ist die Zerstörung durch eine innere Aushöhlung, durch ein Sich-selbst-nicht-mehr-ernst-Nehmen, die dann erfolgt.

Es könnte sein,
daß Gott vor dir flieht,
wenn du zu ihm fliehst,
weil er mehr sein will
als nur deine Zuflucht.

Er traut dir mehr zu,
legt die Verantwortung auf deine Schultern,
läßt dich die Entscheidungen treffen,
hilft dir nicht aus der Not,
überläßt dich deinem Zweifel.

Und wenn du dann nicht mehr
bei jeder Kleinigkeit zu ihm hinfliehst,
sondern in voller Verantwortung im Leben stehst,
da wo du bist,
steht er neben dir,

versteckt in der Zuwendung eines Freundes,
getarnt als deine erfinderische Gabe,
verkleidet in den rechten Moment,
verborgen in den Umständen,
und wohnt in jeder deiner Zuflüchte.

Gott als Götze

Gott trägt in sich die Möglichkeit, für seine Anbeter und Nachfolger zu einem Götzen zu werden. Vielleicht ist das Anbeten und Nachfolgen schon der Beginn des Götzendienstes. Es hat im Christentum viele Bewegungen gegeben, die ihre Mitglieder nicht herausgefordert, sondern es ihnen ermöglicht haben, durch ihren Glauben selbst nicht mehr weiter zu wachsen, sondern die Verantwortung und »Vollkommenheit« auf Jesus zu projizieren und nur in ihm zu sehen. Er ist der Vollkommene und damit der Unerreichbare. Der Nachfolger konzentriert sich dann nur noch auf seine Unvollkommenheit, auf seine Sünde, wird immer hilfloser und meint, durch seine Hilflosigkeit und Bedürftigkeit Gott immer mehr zu verherrlichen.

Ich sehe darin ein Todesprinzip, so fromm es sich auch gebärden mag. Gott befähigt zum Leben. Wo ein Mensch nicht freier und lebensfähiger wird, folgt er einem Götzen. Ich möchte das als einen Götzen bezeichnen, was uns nicht zu uns selbst und zur Erfüllung unseres Potentials finden läßt. Es geht mir hier nicht um ein simples Lust-und-Laune-Prinzip, sondern um ein erfülltes Leben, zu dem der Begriff des Opferns genauso gehört wie der der Konzentration auf den eigenen Weg. Ich will keinem Gott mehr folgen, der mich lebensunfähiger macht, der mir die Lebensfreude nimmt und der meine Unterwürfigkeit wünscht. Mein Gebet entsteht aus Freiheit, weil ich mich Gott zuwenden will, nicht weil ich es muß. Meine Liebe ist ein Willensakt, wie auch seine Liebe zu mir eine Entscheidung ist – ich kann seine Liebe nicht fordern, so wie er meine nicht fordern kann. In diesem Verständnis wird das Gebet ein Gegenübertreten von zwei Wesen in Freiheit.

Zwei Arten von Anbetung

Ich teile Anbetung in zwei unterschiedliche Formen, die aus ganz verschiedenen Grundhaltungen stammen und auch zu ganz unterschiedlichen Konsequenzen führen.

Es gibt eine Form der Anbetung, die für mich ein Ausdruck von Beziehungslosigkeit ist. Wir sprechen ja in zwischenmenschlichen Beziehungen davon, daß einer den andern »anbetet« oder »anhimmelt«, besonders in dem Verhältnis zwischen Freund und Freundin, in der ersten Phase des Verliebtseins. Das ist eine recht undifferenzierte, unkritische, fast blinde Art von Beziehung. Vielleicht kann man eigentlich noch nicht einmal von einer echten Beziehung reden, sondern müßte von Projektion und Verliebtsein in das eigene Bild und in seine eigene Wirkung sprechen. Man lernt in dieser Anbetung und Anhimmelung weder sich selbst noch den anderen wirklich kennen. Man schwelgt geradezu im Anbeten. Diese Art von Beziehung wird spätestens dann schwierig, wenn einer diese Anbetung nicht mehr wünscht oder nicht mehr geben will. In den Schmerzen und Komplikationen, die daraus entstehen, liegt der Same für die Liebe, die eben mehr ist als nur Anbetung und Gefühle.

Ich glaube, daß es nicht anders ist in der Beziehung zu Gott. Die so oft hochgelobte Form der Anbetung ist ein Ausdruck *unseres* Wunsches nach Anbetung und bedingungsloser Anhimmelung. *Wir* wollen, daß man mit uns so umgeht, weil in uns der Wunsch steckt, ganz uneingeschränkt und unkritisch gelobt und geliebt zu werden. Wir nehmen unseren Wunsch und projizieren ihn auf Gott und meinen, Gott müßte es gefallen, angebetet zu werden. Doch Gott diese Form von Anbetung zukommen zu lassen, das heißt für mich, nicht wirklich in eine Beziehung zu treten. Ich lebe nur die Rolle des Anbeters, nicht die des wachsenden Gegenübers zu Gott. Ich halte mir Gott vom Leibe, indem ich ihn weit weg von mir und über mich stelle. Für mich ist Gott *das* Wesen der Beziehung. Seine Schöpfung ist Ausdruck der Liebe und damit der Beziehung. Es geht um Begegnung und Vertrauen, nicht um Distanz und Abstand, auch nicht im Sinne der Ehrfurcht.

Die zweite Form der Anbetung ist die des staunenden Beschauens, und sie ist damit genau das Gegenteil der ersten, nämlich der Wunsch nach Beziehung. Diese Anbetung geschieht in Wachheit und mit offenen Augen. In dem Beschauen werde ich staunend gewahr, wie anders der andere ist. Ich will nichts übersehen, sondern sehen.

Die erste Form der Anbetung macht blind, während diese sehend macht. In der ersten Form hänge ich weiter an dem Bild, das ich von dem Angebeteten habe, während ich in der zweiten Form offen bin für eine sich verändernde Sichtweise. Eine verschlossene steht einer offenen und entwicklungsfähigen Anbetung gegenüber. Diese offene Form scheint mir aber nicht weit verbreitet zu sein, weil wir untereinander auch Angst haben vor der Offenheit und Intensität dieser Beziehung. Es heißt nämlich auch, daß wir uns selbst betrachten und von andern beschauen lassen.

Wenn ich überhaupt anbete, dann möchte ich es auf diese zweite Weise tun. Ich will nicht mehr die Augen schließen vor den Aspekten Gottes, die ich noch nicht verstehe und die ich noch nicht integriert habe. Ich möchte mein Unverständnis und meine Skepsis ernst nehmen. Ich will keine Angst mehr haben, Gott in Frage zu stellen, ihm gegenüber kritisch zu sein, ihn zu hinterfragen, weil ich weiß, daß eine Beziehung der Liebe das alles aushält.

Falsche Demut

Größe ist eine Frage der Relation. Wenn ich mich kleiner mache, dann wird alles größer um mich in der Relation zu mir. Es wird zwar nicht größer, aber in Relation zu mir wächst es. Ich glaube, daß wir manchmal Gott so gegenübertreten. Wir machen uns klein, um Gott größer zu machen. Das Sich-selbst-klein-Machen ist für mich eine Form von Werkgerechtigkeit und der Versuch einer Manipulierung Gottes. In der griechischen Mythologie wurden häufig die Menschen, die herausragend waren, von den Göttern bestraft, weil die Götter neidisch auf sie waren oder sich gefährdet sahen. Die Menschen mußten wieder an den ihnen gemäßen Ort zurückgeschickt werden.

Nun Gott erst gar nicht »herauszufordern«, sich zurückzuhalten, klein und anspruchslos zu sein, sich selbst nichts gönnen, keine Meinung oder keinen eigenen Willen zu haben, das sind Ausdrücke dieses Glaubens. Wir versuchen Gott bei guter Laune zu erhalten, ihn uns gegenüber gütig zu stimmen, damit wir ihm nicht auffallen durch unser Profil und er uns dann nicht heimsucht. Es gibt ja sogar einen gewissen Ton im Gebet, der wie ein gütiges Zureden Gott gegenüber ist. Man demonstriert seine Demut, damit Gott sie dann nur noch belohnen kann.

Dieses Gottesbild will ich verlassen. Ich will mich in keiner Weise mehr schlechtmachen. Es gehört nicht mehr zu meinem Glauben, daß ich meine Schlechtigkeit und Unzulänglichkeit betone. Es macht für mich Gott kleiner, wenn er diese Reduzierung des Menschen nötig hat. Gott ist nicht größer, wenn wir klein und armselig sind. Für mich sind darum auch die Gebetsformen, die diesen Abstand schaffen, nicht mehr von Interesse. In sich ständig wiederholenden Formen Gott um Gehör zu bitten oder um Gnade, als wollte oder könnte er nicht hören, oder als wäre er mir nicht ganz zugewandt, das ist für mich darum nicht mehr sinnvoll. Wenn ich so beten würde, wäre es für mich Geplapper, das mich und meine Beziehung zu Gott entwürdigt und mich zurückstößt in eine Gottferne.

Ich sehe dahinter die alte Angst, daß man durch die eigene Stärke den Starken herausfordert, seine Stärke zu beweisen. Ich weiß inzwischen, daß meine Stärke Gott nicht bedrängt oder herausfordert. In meiner Stärke ist er stärker, in meinem Wachstum ist er gegenwärtig. Wir sind nicht mehr zu trennen und gegeneinanderzustellen. Wir gehören zueinander.

Demut ist darum für mich das sachliche Erkennen meiner Möglichkeiten und Grenzen. Ich muß nicht hoch- oder tiefstapeln. Ich darf zu dem stehen, was ich erkenne. Das wird meine Gebetshaltung und Gebetssprache bestimmen. Ich bin nicht ein Nichts, sondern ein kostbares und differenziertes Wesen auf dieser Erde. Mein Wert liegt darin, daß ich bin. Niemand und nichts gibt mir meinen Wert, und niemand und nichts kann ihn mir nehmen. Weil ich bin, bin ich wertvoll. Das ist für mich der Weg in die Reife, in der ich Gott ein Gegenüber bin, mich dementsprechend verhalte und auch mit ihm rede.

Kannst du dir vorstellen,
daß er dir begegnen will?
Aber nicht von oben herab,
nicht nur als Helfender
dem Hilflosen,
nicht nur als Allwissender
dem Dummen,
nicht richtend,
nicht nur als Bemitleidender
dem Bemitleidenswerten,
und nicht nur als Abhörer deiner Gebete.

Wäre das nicht deine Chance
vor ihm,
nicht mehr unten,
nicht mehr hilflos,
nicht mehr dumm,
nicht mehr gerichtet,
bemitleidenswert und flehend,
sondern Freund
zu sein?

Existentielles Beten

Je älter ich werde, desto mehr fällt mir die Verwechslung von Zauber und Gebet auf. Für viele von uns ist das Gebet die Möglichkeit, uns der Verantwortung zu entziehen. Unser Gebet liegt nicht jenseits unseres ganzen, erschöpfenden Einsatzes, sondern diesseits. Es erlaubt uns, mit gutem Gewissen faul zu bleiben und es sogar noch als »besonderes Gottesvertrauen« zu bezeichnen. Wir sprechen dann von einem kindlichen Glauben, der ganz dem Vater traut. Gott soll das tun, was wir tun könnten. Wenn er es dann nicht tut, beginnt unsere Rationalisierung, dann gibt es Sprüche wie: »Gott will uns etwas nicht geben, weil er uns Besseres geben will.« (Ich glaube, daß es solche Situationen geben kann, wo wir uns etwas erbitten, was uns selbst zerstören könnte, und Gott unser Gebet nicht erhört. Von dieser Situation rede ich nicht.) Wir bleiben außerhalb unser selbst und außerhalb der Welt, in der wir stehen. Wir erwarten von Gott, daß er handelt, anstatt uns selbst zu fragen: Habe ich alles getan, was ich tun kann? Wir kommen nicht zu uns selbst und zu unserer Verantwortung, sondern wir fliehen zu Gott dem Zauberer, der alles richtig machen wird. Das ist der Gott, dessen Knopf man nur zu drücken braucht. Beten ist dann dieses Knopfdrücken.

Ich glaube, daß gerade diese Haltung unser Gebet so entleert hat. Das Gebet, das *nach* dem vollen, kreativen Einsatz oder simultan mit diesem geschieht, hat den Charakter des echten Rufes. Erst der, der versucht hat sich selbst zu helfen und es nicht schafft, ruft existentiell. Der, der seine Möglichkeiten ausgeschöpft hat, wirft sich bedingungslos auf Gott. Wo das Gebet »zu früh« kommt, ist es eine »Beschäftigung« mit einem Thema oder einer Situation und damit alles andere als der existentielle Ruf eines Menschen. Die

Worte, in denen wir nicht sind, die wir also nicht mit unserem Sein füllen, die uns nicht existentiell angehen, werden in der Wiederholung leer, ob wir sie Gott oder einem anderen Menschen gegenüber formulieren. Wir glauben uns die Dringlichkeit unserer eigenen Gebete nicht mehr, weil unser Leben von ihrer Erhörung nicht abhängt. Das so gesprochene Gebet bewirkt darum nicht nichts, es bewirkt wohl etwas: unsere Gewöhnung, Entleerung und Abhärtung. Jedes Gebet verändert uns. Entweder führt es uns tiefer in die Welt ein und damit zu uns selbst und zu Gott, oder es macht uns blasierter, unbetroffener und verantwortungsloser. Jedes Gebet ist darum ein Risiko, weil es uns nicht so läßt, wie wir sind.

Gebet ist Handeln, so wie Handeln Gebet ist. Wo man das eine nicht im Geiste des andern tut, entleert man beide. Sie gehören zusammen. Dorothee Sölle hat in diesem Zusammenhang das Gebet eine Ersatzhandlung genannt. »An die Stelle des autonomen, verfügenden, weltlichen Handelns, das sich selbst verantwortet, tritt in bestimmten Grenzsituationen das Gebet – als Illusion, als Flucht, als Ersatzhandlung dessen, der zu wirksamem Handeln nicht fähig oder nicht willens ist.«

Läßt du deine Füße beten?
Läßt du deine Hände beten?
Läßt du deine Augen beten?
Läßt du deine Haut beten?

Spricht dein Mund ohne Worte?
Spricht dein Arm in der Luft?
Spricht dein Geschlecht?
Spricht dein Hunger?

Leben deine Bewegungen?
Lebt deine Meinung?
Leben deine Finger, jeder einzeln?
Lebt deine Phantasie, bunt?

Betet dein Seufzen?
Betet deine Entspannung?
Betet deine Erwartung?
Betet deine Freude?

Bist du in deinem Schlaf?
Bist du in deiner Wohnung?
Bist du in deiner Sprache?
Bist du in dir?

Kennst du das Gebet deiner Sehnsucht?
Kennst du das Gebet deiner Enttäuschung?
Kennst du das Gebet deiner Verzweiflung?
Kennst du das Gebet deines Traumes?

Betest du so,
daß du dich hören kannst,
auch ohne die Worte,
denen du nicht traust?

Haltungen

Beten ist eine Haltung

Ich möchte über Haltungen und Einstellungen schreiben, die ich bereits als Beten empfinde. Ich glaube, daß Beten ein innerer »Zustand« ist, also ein Sein und nicht so sehr ein Tun. Es ist eine Art, die Welt, sich selbst und Gott zu sehen, eine Art Umgang mit dem, was mir bewußt wird. Ich kann mich für Haltungen entscheiden, sie dann lernen und über ein Leben hin ständig vertiefen. Haltungen sind keine Begabungen, sondern Entscheidungen. Die Entscheidung macht mich noch nicht fähig, in dieser Weise zu leben. Erst die ständige Einübung einer gewählten Haltung macht diese zu etwas in mein Leben Integriertes. Das erfordert Zeit und besonders Bewußtheit. Ich glaube, daß unsere Welt bewußte Menschen braucht, welche die Abläufe durchschauen und nicht käuflich sind.

Die Frage »Was ist beten?« ist identisch mit der Frage »Was geschieht durch das Beten?«. Ich gebe, indem ich etwas erwarte, und ich bekomme etwas, indem ich etwas gebe. Beten können (verbal und durch Haltungen oder Handlungen) und Verändertwerden durch das Beten sind so ineinander verschlungen, daß ich die Ursache nicht von der Wirkung trennen kann. Ich möchte darum nur vorsichtig andeuten, was durch das Beten geschehen kann und was für mich wichtig ist, daß es geschieht.

Beten macht lebensfähiger. Es macht das Leben nicht unbedingt leichter, aber es macht mich fähiger, mit dem Schweren des Lebens umzugehen. Weil Beten mich in einen größeren Kontext stellt, gehe ich nicht so leicht in der Enge meines Lebens unter. Lebensbefähigung entsteht dadurch, daß ich verbal oder non-verbal formuliere, was in mir ist. Das Von-innen-nach-außen-Bringen führt zur Befreiung. Mir wird mein Inneres bewußt.

Ich erwarte vom Beten einen engeren Bezug zur Welt

um mich, zu den Menschen, der Natur und zu den Dingen. Ich will meine natürliche Distanz zur Welt überwinden und kann es tun, wenn ich der Welt betend, im weitesten Sinne dieses Wortes, begegne. Beten heißt: offen, wahrnehmend, neugierig, anteilhabend.

Beten macht gottbewußter. Wenn Gott der Sinngeber ist, dann möchte ich ihn besser verstehen, weil ich damit auch die Muster, Abläufe und Zusammenhänge der Welt besser begreifen kann. Ich bin seit Jahren auf der Suche nach einer Weltformel. Langsam finde ich Stücke dieser Formel. Die betende Begegnung mit der Welt, besonders wie ich sie im dritten Teil des Buches beschreibe, hilft mir bei der Suche.

Die Haltungen, die ich in diesem Teil des Buches kurz ansprechen will, können helfen, das Beten sinnvoll zu machen. Sinnvoll heißt für mich, daß ich ein bewußterer und reiferer Mensch werde. Ich glaube, daß von Menschen, die so leben und beten, Befreiung und Lebensbefähigung ausgehen wird, und sie selbst werden nicht am Rande des Lebens vereinsamen, sondern mitten in der Welt, mit all ihrer Freude und ihrem Schmerz, wachsen.

Hältst du dich aus
in der Sprachlosigkeit der Unsicherheit,
oder mußt du dich selbst mit Worten überzeugen,
daß du es ernst meinst,
weil du dir nicht traust?

Glaubst du an die Kraft
in deinen Haltungen,
oder ist dein Gott ein Bürokrat,
der mit Sprüchen gefüttert werden muß,
damit er gutmütig ist?

Spürst du,
wie etwas von dir ausgeht,
das Menschen berührt, so oder so,
das Spuren hinterläßt, die keiner sieht
und doch jeder fühlt,
das schwer beschreibbar ist,
weil dafür die rechten Worte
noch nicht erfunden wurden?

Es ist dein Gebet.

Ehrlichkeit

Wir kämpfen immer wieder mit dem Selbstbetrug. Er erscheint auf so unterschiedliche Weise, daß es schwer ist, sich selbst immer auf die Schliche zu kommen und den Betrug zu entlarven. Wir meinen etwas zu glauben, was wir eigentlich nicht glauben. Wir sind nicht authentisch, nicht identisch mit uns selbst. Wir folgen gewissen Vorstellungen, weil wir meinen, daß das zu einem gewissen Verständnis von »Christ« oder »gut« oder »gläubig« gehört.

Ich glaube, daß die Ehrlichkeit ganz wesentlich ist, wenn das Beten nicht nur ein Selbstbetrug sein und wenn es Veränderung bewirken soll. Ehrlichkeit ist die Entschiedenheit, die Welt so zu erleben, wie sie ist, oder so, wie wir sie tatsächlich erleben, es uns aber nicht eingestehen wollen: die Welt innen und außen und auch die Wirklichkeit Gottes, soweit wir sie fassen können. Ich glaube, daß viele von uns nicht den Mut haben, das anzusehen und anzunehmen, was wir tatsächlich fühlen. Wo gibt es ein echtes Aufbegehren gegen Gott, weil er ungerecht erscheint? Weil wir meinen, so nicht beten oder gar denken zu dürfen, erleben wir erst gar nicht diese Regung in uns. Sie wird schon vorher verdrängt. Wir sind nicht mehr ehrlich, weil wir uns »richtig« verhalten wollen vor Gott.

Ehrlichkeit in bezug auf die Welt um mich ist weder blauäugiger Optimismus noch schwarzseherischer Pessimismus, sondern der Mut zur Wirklichkeit. Ehrlichkeit nimmt auch die erschreckende Wirklichkeit in Kauf. Ehrlichkeit reduziert das selektive Sehen, bei dem das nicht ist, was nicht sein darf. Ehrlichkeit verdrängt nicht, sondern hält aus, leidet mit, sucht nach Überwindung des Schreckens und der Zerstörung und versteht die Welt von der Hoffnung, Entwicklung und Erlösung her.

Ehrlichkeit im Gebet ist für mich der Vertrauensschritt auf Gott zu. Ich bin so, wie ich bin, ich will mir treu sein vor Gott. Wenn ich mich schon vor Gott zurückhalten muß, wenn ich ihm also meine Ehrlichkeit nicht zumuten darf, weil ich ihn vielleicht verletze oder gar verärgere, wird das Beten zu einem seltsamen Absicherungsprozeß. Einerseits erlebe ich etwas in mir, das mich umtreibt, mit dem ich vielleicht nicht fertig werde und das ich im Gebet ansprechen möchte. Andererseits aber muß ich eine Form finden, die akzeptabel ist vor Gott. Diese Vorsortierung beschneidet das Gebet, so daß es dann nicht mehr der existentielle Schrei oder das ins unreine Gesprochene eines Menschen ist, sondern schon das Überprüfte, Verhaltene, Verschönerte, Zurückgenommene.

Für mich ist das nicht mehr akzeptabel. Im Gebet muß es die Möglichkeit geben, meine Enttäuschung auch über Gott zu artikulieren. Ich muß meinen Zweifel auch in einer Weise ausdrücken dürfen, die für manche, die von einem traditionelleren Gebetsverständnis ausgehen, sicherlich »zweifelhaft« ist. Ich muß ehrlich sein dürfen.

Wenn wir mit vorgefaßten Vorstellungen beten, werden wir die Wirklichkeit verbiegen. Wir werden alles passend machen und uns selbst dabei belügen. Die echten und hilfreichen Einsichten, die uns dann kommen, entweder durch das verbale Beten oder durch das Beten durch Handlungen, werden entweder nicht wahrgenommen oder so verdreht, daß sie nichts mehr bewirken. Wo wir uns der Ehrlichkeit verschließen, leben wir in einer Welt der Illusionen.

Die zerstörerischen Folgen der Unehrlichkeit zeigen sich an uns selbst zuerst. Wir beginnen gegen uns selbst zu entscheiden, weil wir uns nicht ernst genug nehmen. Wir mißtrauen uns. Wir verlieren den Kontakt zu uns selbst und unseren inneren Regungen. Wir wissen bald nicht mehr, was unsere tiefen Wünsche und Hoffnungen sind. Wir leben mit einer Maske, vor uns selbst und vor anderen, und stehen damit unter dem Druck, ein gewisses Bild von uns selbst aufrechtzuerhalten. Wir leben in der Angst, etwas »falsch« zu machen in Gebet und Glauben. Gott ist nicht mehr der Vertraute, dem wir uns sorglos anvertrauen können, weil er uns besser kennt als wir uns selbst, sondern er wird der Prüfer, dem es »recht zu machen« ist.

Ich plädiere darum für eine bedingungslose Ehrlichkeit im Gebet. Ich will mich so würdigen, weil ich damit auch meinen Gebetspartner, Gott, würdige. Ich traue ihm alles zu, und darum darf ich mich in diesem intimen Bereich des Gebets trauen, der Mensch zu sein, der ich bin.

Wenn du fällst,
fällst du in Gottes Arme.
Wenn du liegst,
liegst du in den Händen Gottes.

Aber
wenn du dich aufrichtest,
werden deine Augen
den Augen Gottes
gegenüber sein.

Offenheit

Gerade in ideologischen und religiösen Bereichen neigen wir stark zur Unoffenheit, weil wir meinen, etwas ganz Wichtiges und Richtiges verteidigen zu müssen. Weil wir etwas begriffen haben, meinen wir es anderen anpreisen oder gar aufdrängen zu müssen, besonders wenn es uns tief betroffen hat. Wir verallgemeinern, und so wird aus einem wertvollen Erlebnis bald eine Lehre, ein Dogma, das ganz fest und unoffen dasteht. Weder wir selbst noch der Mensch, mit dem wir sprechen, scheinen dann noch wirklich wichtig zu sein. Es geht nur noch um die »rechte Lehre«. Darum gibt es soviel Doppelbödigkeit in religiösen und ideologischen Systemen. Die Welt wird so gesehen, wie sie laut Dogma zu sehen ist, und nicht, wie wir sie wirklich sehen. Die persönliche Sicht wird nicht ernst genommen. Sie wird sogar verachtet. Und schon ganz unmöglich ist es, das Dogma und die Lehre am Erleben zu korrigieren, oder zumindest die Diskrepanz, die sich meistens unwillkürlich zwischen diesen beiden auftut, zuzugeben.

Beten als Ausdruck von Beziehung hat nur dann eine Zukunft, wenn ich bereit bin, Gott, der Welt und mir offen gegenüberzutreten. Wo ohne Offenheit gebetet wird, ist es letztlich kein Gebet, sondern eine andere Regung, die sich als Gebet tarnt. Vielleicht der Schrei nach Bestätigung, oder ein Verdammungsspruch für die Andersartigen, oder der Versuch, irgendwelche Zweifel über die eigene Position durch viele Worte fernzuhalten. Das Gebet kann auch dazu dienen, eine heile Welt vorzutäuschen, wo die Welt unheil ist. Es ist verwandt mit der Zauberformel aus dem Märchen. Das Unerträgliche wird verzaubert, und aus dem Frosch wird ein Prinz, aus der Zerstörung der Welt wird Gottes unerklärlicher Plan. Schwierig ist es hier manchmal, zu unterscheiden zwischen dem echten Glauben, der Verwandlung als Möglichkeit sieht, und einem Zauberglauben, der die Welt heil wünscht, weil er das Unheile nicht ansehen will.

Beten heißt, nach innen und nach außen offen zu sein. Offen sein für das, was in mir ist, auch gerade die Bedürfnisse und Sehnsüchte, die ich nicht vermutet habe und die mich befremden mögen. Und offen sein für das, was um mich ist, auch wenn das ganz anders sein mag als das, was ich kenne und glaube. Wenn Paulus schreibt, daß wir nicht wissen, was wir beten sollen, dann drückt er indirekt diese Offenheit aus. Der betende Mensch setzt sich den Überraschungen aus, die aus ihm selbst oder aus der Welt um ihn herum kommen mögen. Er setzt sich auch einem andersartigen Gottesbild aus als dem, das er vielleicht haben mag. Ich vermute, daß die meisten von uns schon erlebt haben, daß wir Gott eine gewisse Rolle zugewiesen haben, zum Beispiel: Gott als Erhörer unserer besonders flehentlich gesprochenen Gebete. Wenn Gott uns dann nicht erhört, können wir entweder Gott abtun, oder wir sind gezwungen, Gott anders zu verstehen und unser Bild von ihm zu verändern. Das unerhörte Gebet bietet uns die Möglichkeit zur Offenheit an.

Offenheit wie Ehrlichkeit haben mit Schmerz zu tun, weil wir in der Offenheit oft die Geborgenheit verlieren, an der wir so hängen. Offenheit nimmt uns die Vorhersagbarkeit. Vielleicht kommt alle Dogmatik und Systematik im Bereich des Glaubens aus diesem Wunsch nach Vorhersagbarkeit, aus dem Wunsch, nicht mehr den unerwarteten Veränderungen und der Unsicherheit des Lebens ausgesetzt zu sein. Aber genau an der Stelle der Unsicherheit wird das Beten zu etwas Existentiellem. Es gelangt aus den Worten hinaus, in den Einsatz des Lebens. Beten wird Existenz, und Existenz wird so gelebt, daß sie Beten wird. Das Gebet ist nicht etwas, was dem Leben hinzugefügt wird, sondern das Leben ist bereits Gebet, in seiner tiefsten und bedingungslosesten Form.

Offenheit, gepaart mit Neugier, macht Entwicklung möglich. Wo wir verschlossen sind, drehen wir uns im Kreis. Wenn Beten nicht nur ein Arrangieren sein soll mit dem, was ist, dann muß es in Offenheit geschehen. Sonst binden wir uns selbst, dem anderen und Gott die Hände. Wo das geschieht, ist Beten letztlich nur eine Angstabwehr und damit eine Menschenabwehr und Gottabwehr. Beten ohne Offenheit ist unerwachsenes Beten. Wenn wir uns nicht nur ändern, wenn es gar nicht mehr anders geht, sondern wenn wir Veränderung und Wachstum suchen, weil wir wissen, daß alles Lebendige wächst, dann werden wir eine bessere Chance haben, die Welt und uns selbst zu verstehen. Der Suchende findet, der Neugierige entdeckt.

Betroffenheit

Es gehört zu den Idealen unserer Kultur, »cool« zu sein. Früher nannte man es »lässig«. Der coole Typ ist von nichts und niemand aus der Ruhe zu bringen, er ist nicht umzuwerfen, nicht zu betreffen. Dahinter verbirgt sich die Angst vor der Betroffenheit, vor dem Gefühl, vor der Ekstase, vor der Verunsicherung, vor der Unvorhersagbarkeit der Welt. Es ist die Angst vor der Verletzbarkeit, vor dem Sich-Hineingeben in die Bezüge des Lebens.

Der Betende setzt sich der Welt und sich selbst aus. Er zieht sich nicht zurück, sondern läßt sich ergreifen und betreffen. Ich spreche hier nicht von einer Gefühlsbetontheit, die jeden Sonnenuntergang laut kommentieren muß und öffentlich Rechenschaft über jede innere Regung abgibt. Ich meine den Mut, der es mit der Welt in ihrer herrlichen und fürchterlichen Gestalt aufnimmt und sich nicht verschanzt hinter Systemen, die alles vereinfachen, hinter platten Antworten, hinter Menschen, die als Führer verehrt werden. Es gibt in der westlichen Kultur eine Tendenz, alles durch Unbetroffenheit zu trivialisieren. Alles wird relativiert und damit banal. Hinter allem steht nur noch der Spruch »Na und?«. In dieser Haltung gibt es kein wahres Engagement mit der Welt. Diese Haltung führt in die Vereinsamung. Der Mensch, der in dieser Haltung betet, betet aus der Distanz.

Nur das ergriffene, betroffene Gebet ist kein Geschwätz. Es kommt aus dem Herzen, aus dem Wesen des Beters. Es ist Ausdruck einer Identifikation mit dem Leiden und der Freude, von denen es umgeben ist.

Hier ist das Gebet Anteilnahme. Das Gebet wird zum Mittelgrund zwischen der zeitweiligen Unerträglichkeit der Welt und der fürsorglichen Betreuung dieser Welt durch Gott. Das Gebet bietet den anstrengenden, aber heilsamen Raum zwischen dem Untergang in der Verzweiflung, angesichts des Leides und der Not der Welt, und der Flucht in eine Vereinfachung durch simple Antworten. Der Betende hält es aus, in der Spannung zu stehen. Er kann nicht weg, weil er betroffen ist und er die Welt, die ihn so betrifft, verraten würde, wenn er sich aus der Betroffenheit herauslösen würde.

Diese Zwischenposition ist identisch mit Verletzbarkeit. Und Verletzbarkeit führt unwillkürlich zu Verletzungen. Der Betende wird von beiden Seiten verletzt: von der Not der Welt (ob sie um ihn oder in ihm entsteht) und von der unerklärlichen Haltung Gottes. Weil er Stellvertreter ist, wird er getroffen. Er wird verwundet, weil er sich einerseits in die Welt hineingegeben hat und sich andererseits Gott ausgesetzt hat.

Coolsein ist die Vorstufe zum Kaltsein. Wer will wirklich kalt sein und nicht mehr die Hitze des Lebens mit seinen Herausforderungen spüren?

Es könnte sein,
daß, wenn du vor dir fliehst,
du nicht bei Gott ankommst,
weil er bei dir geblieben ist.

Es könnte sein,
daß Gott nicht haben will,
was du opferst,
weil es sein Geschenk an dich war.

Es könnte sein,
daß Gott nicht mitweint,
wenn du dir leid tust,
weil er dich mit Lachen heilen will.

Es könnte sein, daß Gott umstürzt,
wenn du dich an ihn lehnst,
weil du in dem Moment
keine Anlehnung mehr brauchst.

Es könnte sein,
daß Gott keine Worte mehr von dir will,
wohl aber dein Wesen,
da, wo es durchblutet ist.

Solidarität

Der Beter, der sich innerlich von der Welt trennt, der sich absondert und meint, abgetrennt von anderen sein Leben vor Gott leben zu können, läuft Gefahr, nur sich selbst in seinem Gebet wiederzufinden. Ich spreche hier von einer inneren, nicht von einer äußeren, räumlichen Trennung. Auch im Kloster kann man der Welt sehr nah sein, und mitten in der Welt kann man die Welt verachten und sich von ihr trennen. Jedes Gebet ist eine Solidaritätserklärung mit der Welt, in der ich lebe. Ich gehöre zu der Welt. Ich bin mit allem verwandt, und die pharisäische Haltung des Sich-Absonderns zerstört. Martin Buber schreibt in einem Aufsatz über den einzelnen in seiner Verantwortung: »Es kann nicht sein, daß die Beziehung der menschlichen Person zu Gott durch Weglassen der Welt entstehe; also muß der Einzelne seine Welt, was an Welt ihm eben lebensmäßig zugereicht und anvertraut wird, in seine Lebensandacht ohne Abstrich mitnehmen und es an deren Wesentlichkeit ungeschmälert teilnehmen lassen. Es kann nicht sein, daß der Einzelne, wenn er über die Schöpfung hinweg die Hände ausstreckt, Gottes Hände finde; er muß die Arme um die leidige Welt legen, deren wahrer Name Schöpfung ist, dann erst langen seine Finger in den Bereich des Blitzes und der Gnade.« Solidarität mit der Schöpfung und den Mitmenschen ist also Voraussetzung einer Gottesbeziehung. Solidarität schützt uns vor dem Selbstbetrug, mit Gott in Beziehung zu stehen, wenn wir im Grunde nur uns selbst begegnen. Solidarität steht hier also einer weltfremden, weltverleugnenden Versenkung entgegen.

Dieses Sich-Trennen von der Umwelt ist ein besonderes Problem des religiösen Menschen. Seine Religion, sein Glaube, verkürzt verstanden, setzt Grenzen zum Mitgeschöpf und schafft Trennung. Mit der Trennung kommt das Mißverständnis, dann folgt die Intoleranz, und schließlich kommt die Verketzerung. Die Geschichte des Christentums ist voll von Beispielen dieses Ablaufs. Selbst die, die um ihrer Erkenntnis willen verfolgt wurden, konnten schon im nächsten Moment andere verfolgen, die vielleicht nicht ganz so weit oder noch weiter gegangen waren als sie. Vielleicht ist diese Haltung auf einen Text aus dem Titusbrief zurückzuführen. Dort heißt es: »Einen ketzerischen Menschen meide, wenn er einmal und abermals ermahnt ist, und wisse, daß ein solcher verkehrt ist und sündigt, als der sich selbst verurteilt hat.« Dies ist der Luthertext, und in der Stuttgarter Jubiläumsbibel folgt dann die erklärende Anmerkung: »Vom Verhalten gegen die, welche noch nicht gläubig sind (V. 1–8), geht Paulus über zu denen, welche nicht mehr gläubig sind. Wo wiederholte Zurechtweisung sich als fruchtlos erwiesen hat, soll der Verkehr abgebrochen werden, weil es bei solchen Irr- oder Ungläubigen nicht am Wissen, sondern am rechten Wollen fehlt.« Schon hier in der Urgemeinde geht es um die Reinheit und Richtigkeit der Lehre. Und weil jeder meint, er habe die rechte Lehre, hat jeder das Recht, den anderen als irrgläubig darzustellen. Diese Haltung hat bis heute angehalten, und es wird weiter getrennt, verleumdet und verketzert.

Das Gebet schließt ein und nicht aus. Das Ausschließen ist für mich ein Merkmal der Verengung und der Sektiererei. Ich möchte immer mehr in meinem Leben einschließen. Es gibt ein Jesuswort im Markus-Evangelium, über das wenig gesprochen wird: »Wer nicht gegen uns ist, der ist für uns.« Vielleicht würden wir etwas mehr von dem Reichtum, der uns durch unsere Unterschiedlichkeit gegeben ist, entdecken, anstatt einander zu bekämpfen, wenn wir dieses Wort ernst nehmen würden. Einschließen heißt nicht unbedingt, etwas gutzuheißen. Aber ich möchte verstehen, warum jemand anders glaubt als ich und vielleicht gerade das braucht, was ich nicht verstehe. Ich möchte die Andersgläubigkeit annehmen und nicht verurteilen. Gerade das Zerstörerische am anderen möchte ich verstehen, weil es auch in mir ist. Ich will es nicht wegstoßen, weil ich mich selbst dabei nicht kennenlernen werde. Mich solidarisch mit dem anderen zu sehen, das heißt, mir selbst ein Stück näher zu kommen und etwas mehr von der Eigenart und Vielfalt der Schöpfung zu verstehen. Für mich heißt beten das verbale und das non-verbale Beten, diese Solidarität immer mitzudenken. Mein Gebet betrifft direkt und indirekt das Leben anderer. Ich will darum lernen, mein Beten auf dem Bewußtsein dieses Kollektivs zu vollziehen. Ich bin keine Insel in dieser Welt.

Diese Solidarität betrifft auch die »Sprache« des Gebets. Da wo das Gebet zu einer »Fremdsprache« wird, ob verbal oder non-verbal, wird nicht an der Solidarität gebaut. Gebet ist dann nicht mehr Kommunikation, und die Entfremdung und Trennung beginnt.

Ich gehöre zu dieser Welt, zu der ganzen Welt, und die Welt gehört zu mir. Der Kampf der Schwarzen in Südafrika ist auch mein Kampf. Die Hungersnot in Mosambik hat auch etwas mit mir zu tun. Die Zerstörung der Natur betrifft auch mich. Das Gebet, das nicht aus Verbundenheit mit anderen entsteht, ist egoistisch, weil der Betende sich am Ende selbst zerstört, wie das immer beim beharrlichen Egoismus passiert. Es folgen dann Einsamkeit und Beziehungsunfähigkeit des einzelnen oder einer ganzen Gruppe.

Mit der Haltung der Solidarität zu beten, das heißt, nicht zu richten. Nichts trennt so und schafft so Vereinsamung wie das Richten eines anderen Menschen. Es trifft beide, den Richtenden und den Verurteilten. Die mögliche Bruder- und Schwesternschaft, das Begreifen der eigenen Geschöpflichkeit, werden erschwert.

Mein Gebet, das nicht aus der Verbundenheit mit anderen entsteht, befreit mich nicht und macht weder mich noch einen anderen lebensfähiger. Es bringt mich Gott und seiner Solidarität mit dieser Welt nicht näher, weil ich mich herausgenommen habe aus den Bezügen, die wirklich zählen.

Durch unsichtbare Fäden
bist du mit allem verbunden,
was dich umgibt.
Wenn du ausgesetzt
auf der Leere der weiten Ebene stehst,
siehst du deine Seele.
Wenn du über die Fülle des Blumenkelches staunst,
entdeckst du die Vielfalt deines Geistes.
Dein Leib ist wie eine Buche
mit ihren Wunden und Narben.

Was ich hier schreibe,
hast du vielleicht gestern schon gesagt.
Was du heute ahnst,
wird morgen jemand
in einem fremden Land
als Bild malen.

Gegenwärtigkeit

Ich will lernen, gegenwärtig und nicht abwesend zu sein. Ich kenne Haltungen in mir, bei denen ich merke, daß ich entweder hinter mir her oder mir voraus bin. Ich erlebe diese Haltung meistens als eine fehlende Konzentration. Ich bin entweder von der Vergangenheit oder von der Zukunft gefangengenommen. Ich bin zu besetzt, um wirklich gegenwärtig zu sein. Es ist manchmal, als wäre ich weggetaucht. Ich merke, daß diese Haltung mich trennen kann von all dem, was mich umgibt. Ich stehe nicht in Beziehung. Das mag für eine gewisse Zeit wichtig sein, um mich zu sammeln, um zu mir zu kommen, besonders da, wo ich unter Druck stehe, so zu sein, wie andere mich haben wollen. Aber wenn es zu einer allgemeinen Lebenshaltung wird, laufe ich Gefahr, an meinem und dem mich umgebenden Leben vorbeizugehen. Ich muß wieder den Zugang zum Hier und Jetzt finden.

Ich will mich darum in das Leben investieren, das heißt aber auch, mich auszusetzen. Da, wo ich gegenwärtig bin, wo ich also mit meinem Körper, meiner Seele und meinem Geist anwesend bin, bin ich ansprechbar, vielleicht auch anschreibbar. Da bin ich verletzbar, faßbar, da bin ich zur Verantwortung zu ziehen, da bin ich beteiligt. Vor dieser unmittelbaren Beziehung zum Leben habe ich Angst. Aber ich spüre, daß da der Ort des Betens ist, daß diese Haltung der Gegenwärtigkeit eine Form von Beten mit sich bringt.

Das heißt für mich auch, daß ich die Dinge nicht mehr mißbrauchen darf als Mittel zum Zweck. Die Gegenwart selbst ist der Inhalt, ist das Ziel. Die Gegenwart ist nicht Mittel zum Zweck, so wie auch der Mensch, mit dem ich bin, oder das Ding, das ich wahrnehme, nicht Mittel zu einem Zweck sind. Sie haben ihre ganz eigene Würde und ihren Wert, sind in ihrem So-Sein von mir zu würdigen. Diese Minute ist nicht ein Durchgangsstadium, sondern sie ist die einzige Zeit, die mir überhaupt gegeben ist. Über sie kann ich verfügen, sie kann ich füllen, sie kann ich wahrnehmen, oder ich kann sie verschwenden. Die Vergangenheit gehört mir nicht mehr, und die Zukunft gehört mir noch nicht. Die gegenwärtige Begegnung mit einem Menschen ist die einzige Begegnung, in die ich mich hineingeben kann. Alles, was gewesen ist und was vielleicht noch kommen mag, ist mir im Moment nicht zugänglich. Jetzt muß, darf, will ich leben.

Gegenwärtigkeit hat, glaube ich, mit der Liebe zu Menschen und Dingen zu tun. Da, wo ich liebe, bin ich wirklich »da«. Ich trete in Beziehung, weil ich liebe, weil ich den anderen zu sehen wünsche und mich von anderen sehen lassen will. Ich fliehe nicht in die Vergangenheit oder Zukunft oder in Illusionen und Phantasien. Ich begreife, daß ich in der Mitte meiner Wirklichkeit stehe. Gegenwärtigkeit ist eine Liebe zur jetzigen Wirklichkeit, so unverständlich und schmerzhaft sie auch sein mag.

Hoffnung

Überhaupt zu beten heißt, Hoffnung zu haben. Alles Beten geschieht von der Hoffnung auf ein Gegenüber her. Der Bittende lebt von der Hoffnung, etwas zu bekommen. Der Dankende betet in der Hoffnung, daß sein Dank angenommen wird. Der mit seinem Handeln Betende betet in der Hoffnung, sich mit seinem Gebet in die Zusammenhänge der Welt zu stellen. Er erbetet sich mit seinem Handeln eine vorläufige Heimat in der Welt.

Hoffnung auf was? Ich glaube, daß es letztlich nur eine Hoffnung gibt: daß das Leben über den Tod siegt und daß damit ein Sinn im Leben hergestellt wird. Der Betende hofft also gegen die Sinnlosigkeit und gegen die Verzweiflung, die überall nur die Herrschaft des Todes sieht. So wie es Mut nur in der Gefahr und Angst gibt, gibt es Hoffnung nur in der Ausweglosigkeit und Bedrängung. Wenn alles rosig ist, brauchen wir nicht zu hoffen, dann haben wir bereits das Erhoffte. Hoffnung ist eine »Trotzhaltung«, die uns nicht natürlich zufällt, sondern um die wir uns bemühen müssen. Ich habe Hoffnung, trotz des Zustandes der Welt oder meines Lebens.

Diese Hoffnung ist eine Sache der Entscheidung. Die Entscheidung für die Hoffnung darf nicht von den Umständen abhängig gemacht werden, weil sie damit durch jede Sinnlosigkeit und jedes Versagen gefährdet und aufgehoben werden kann. Hoffnung darf nicht abhängig gemacht werden vom Grund zur Hoffnung. Es geht gerade darum, noch zu hoffen, wenn alles hoffnungslos aussieht. Es gibt immer genug Gründe, nicht mehr zu hoffen, und es gibt viele Hoffnungslose. Die Hoffnung ist der Glaube an das Leben, auch angesichts der Zerstörung. Zur Hoffnung gehört auch, an die Verwandlung zu glauben. Wie das Küken die Vollkommenheit des Eies zerstören muß, um in ein neues Leben eintreten zu können, so ist der Inhalt der Hoffnung, daß gerade aus dem Tod immer wieder das Leben entsteht. Hoffnung hält die Möglichkeiten offen. Ganz mit dem Sein auf das Leben ausgerichtet zu sein, das heißt zu hoffen.

Diese Hoffnung ist praktisch. Sie erfüllt die kleinen, scheinbar unwichtigen Handlungen mit Sinn. Nicht nur durch das, was vor Augen ist, sondern gerade auch durch die unsichtbaren Zusammenhänge, durch den schwer greifbaren Kontext, lebt die Hoffnung weiter. Ihr Inhalt und Ziel ist immer die Entfaltung des Lebens, die Durchdringung der Welt mit Gott und damit mit Sinn. Der Betende lebt auf diesem Hintergrund und trägt dazu bei, daß es sichtbare Wirklichkeit wird.

Auch in den feinsten Formen
zerstört die Hoffnungslosigkeit
kostbares, feinfaseriges Leben.
Sie zersetzt von innen,
sie zerdrückt von außen.
Sie nimmt Worten ihre Bedeutung.
Sie nimmt Handlungen ihren Sinn.
Sie nimmt allem die Notwendigkeit.
Sie schleicht sich ein über den Verstand,
der sich Sachlichkeit schuldet,
oder über die Gefühle,
die beanspruchen, ernst genommen zu werden.
Sie ist schwer loszuwerden,
weil sie belesen und gebildet wirkt
und meistens mit vielen Beweisen arbeitet.

Erst wenn du mit deinem Wesen weißt,
daß nur die Hoffnung Leben schafft,
wirst du dich für sie entscheiden,
und nicht nur, weil die Welt positiv aussieht
und du dich anhängen möchtest
an die guten Gefühle.

Es gibt keine andere Alternative zum Tod
als das Hoffen.
Hoffen ist glauben.
Hoffen ist leben.
Hoffen ist lieben.

Handlungen

Beten leben

Ich möchte eine Reihe von Handlungen und Abläufen schildern, die ich als Beten verstehe. Ich habe sie aus der Vielfalt alltäglicher Tätigkeiten gewählt. Das heißt, daß die Liste verlängert werden kann. Es geht mir nicht darum, daß der Leser jetzt die Handlungen, die ich gewählt habe, genauestens nachvollzieht, sondern es geht mir um eine Grundeinstellung zum Beten. Manche meiner Vorschläge mögen dem einen oder anderen nichts sagen oder nicht nachvollziehbar sein, während Abläufe, die ich nicht erwähnt habe, von einzelnen in ihrem Leben ganz neu als Beten verstanden werden können. Jeder ist aufgerufen, seinen eigenen Weg zu finden.

Es geht mir also nicht um eine Art von Gebetsschule, um neue feste Formen, sondern um eine Art, das eigene Leben zu sehen und zu verstehen. Es geht mir um die Durchdringung des Lebens mit Beten, aber nicht in einem verbalen Sinn, sondern so, daß alles bewußte Handeln Gott und die Welt um mich und mich selbst in Beziehung zueinander setzt, als Beten verstanden werden kann.

Dies ist ein Schritt weg von der Tradition, vom Bekannten und Erprobten, und sicherlich für manche ein Schritt in die Ketzerei und Verunsicherung. Aber ich hoffe, daß es für andere ein Schritt zu sich selbst ist, auf das zu, was sie schon geahnt haben oder was schon ansatzweise in ihnen gelebt hat. Für mich ist es ein Schritt aus Formen, die ich nicht mehr mit Sinn füllen kann, ohne mich dabei selbst zu belügen. Ich gehe diesen Schritt aus der Not heraus, die der Schweizer Pfarrer und Dichter Kurt Marti einmal sehr treffend formuliert hat: »Auch ich kann nicht beten. Ich glaube, man sieht uns allen an, daß wir nicht beten können. Man sieht es auch denen an, die weiterhin beten oder zu beten meinen. Dennoch kann ich mir die Sprache einer besseren Zukunft nicht vorstellen ohne etwas wie Gebete.«

Ich weiß, daß Beten nötig ist, weil es Bewußtwerdung ist und ich mir keine »bessere Zukunft« ohne diese Bewußtwerdung vorstellen kann. Ich will beteiligt sein an dieser Bewußtwerdung und suche darum mein Leben nach Möglichkeiten ab, die diese Entwicklung begünstigen.

So ist auch die Auflistung von Handlungen zu verstehen. Sie soll dazu dienen, das eigene Leben integrierter zu sehen, es stärker aus einem Stück zu erleben, heiler zu werden und weniger gespalten zu sein. Ich glaube, daß Gott mich nicht nur zu sich, sondern auch zu mir selbst hin erlöst, also zu dem, was ich bin und lebe, zu der bewußten Durchdringung dessen, was schon längst in mir ist. Ich will begreifen, wie mein Leben bereits eine Antwort auf die Ansprache Gottes an mich ist. Ich will die Antwort, die ich bin, verstehen.

Wahrnehmen

Das Gebet ist nichts anderes als die Aufmerksamkeit in ihrer reinsten Form.

SIMONE WEIL
französische Denkerin (1909–1943)

Wenn ich nicht weiß, was ich will und was gut für mich und andere ist, wenn ich desorientiert bin oder auf Neuland stehe, dann mag es sein, daß ich für nichts danken oder bitten kann. Alle Worte, die über das Einfachste hinausgehen, sind mir suspekt. Jede Formulierung kann ich mit einer Gegenformulierung aufheben, jede Überlegung zieht eine Gegenbehauptung nach sich.

Um dann noch in Beziehung zu meiner Mitwelt zu treten, was ich gerade in solchen Momenten möchte, bleibt mir oft nichts anderes übrig, als mich umzusehen und das aufzuzählen, was ich sehe. Im bloßen Wahrnehmen muß ich keine Stellung beziehen, keine Wertungen vornehmen, kein Programm verfolgen, keine Entscheidungen treffen, die ich nicht treffen kann. Und doch bete ich – indem ich wahrnehme und würdige. Ich sehe neu, ich beobachte, ich trete in Beziehung zum Wahrgenommenen, ich beschaue die Welt mit ihrem Zauber. Das mag durch eine ganz schlichte Aufzählung geschehen:

Da steht der Ahorn vor meinem Fenster.
Ich sehe den Kolibri auf der roten Geranie landen.
Die Berge verschwinden in den Wolken.
Auf den Bäumen
liegt das Licht heute anders als gestern.
Die Lupinen sind verblüht.

Und manchmal führt der Weg über diese Wahrnehmungen wieder zurück zu mir und zu den Fragen, die ich versuche zu lösen. Ich erscheine dann immer mehr in den Aufzählungen und gelange auf diesem »Umweg« zu mir.

> Ich wünsche mir soviel Freiheit wie diese weiße Wolke.
> Was hält mich ab, so entspannt zu sein wie Mozart, unser Kater?
> Ich spüre das Glück wie eine Wirklichkeit, die ich nur »zufällig« finden werde.

Aber oft ist dieses Mich-Finden nicht das Ziel, sondern die Aufzählung ist schon Ziel in sich und reicht mir vollkommen. Es ist eine Würdigung meiner Mitwelt. Ich lerne meine Sinne einzusetzen und werde dabei wacher in alle Richtungen. Ich erlebe es als eine Art Ins-Leben-Rufen, weil vieles von dem, was ich jetzt sehe, rieche, spüre, vorher eigentlich gar nicht für mich existierte, wenigstens war ich mir dessen nicht bewußt. Ich rufe es für mich ins Leben, indem ich es wahrnehme. Ich sehe in diesem Vorgang eine Verwandtschaft zu der Tätigkeit des Menschen im Paradies, »der jeglichem Vieh und Vogel unter dem Himmel und Tier auf dem Felde seinen Namen gab«. Ich sehe in dem Aufzählen und Benennen nicht die Möglichkeit, über das Benannte zu herrschen, sondern es geht mir um das Aufnehmen der Beziehung. Ich werde bereichert durch das, was ich wahrnehme. Ich bin mit der Welt um mich verwandt.

Für mich ist die Anrede selbst oder gar nur das Wahrnehmen schon Beten. Ich merke, wie ich dazu neige, manchmal mehr zu sagen, als ich eigentlich sagen kann, wenn ich über die Anrede hinausgehe. Ich glaube, daß wir oft nicht zu mehr fähig sind, als die Existenz einer Person oder eines Dinges zu bekunden. Alles darüber hinaus ist schon wieder »Sprüche machen«, weil wir meinen, es tun zu müssen, entweder um Gott zu beweisen, daß wir die Zusammenhänge begreifen, auch wenn wir sie noch nicht begreifen, oder um uns selbst und anderen zu beweisen, daß wir etwas zu sagen haben. Ein Beispiel: Ich nehme eine Person wahr und freue mich an ihr. Aber dann meine ich ergründen und formulieren zu müssen, warum ich mich an dieser Person freue, und stelle dabei allerhand Theorien auf, mich und die andere Person betreffend, begrenze sie ebenso wie mich und damit auch meine Freude an ihr. Von dem sehr direkten Freuen gelange ich auf diese Weise ganz schnell zu dem viel abstrakteren Reflektieren. Ich will damit nichts gegen das Reflektieren sagen, möchte aber zum betenden Wahrnehmen und wahrnehmenden Beten auch noch fähig sein, mich nicht von einem theologischen oder philosophischen System hinreißen lassen, mehr zu sagen, als ich eigentlich fähig bin zu sagen.

Eine englische Dichterin im neunzehnten Jahrhundert, Elizabeth Barrett Browning, scheint dieses Wahrnehmen praktiziert zu haben und beschreibt es humorvoll, aber mit einer tiefen Weisheit:

»Die Erde ist mit Himmel vollgepackt,
Und jeder gewöhnliche Busch brennt mit Gott;
Aber nur der, der es sieht, zieht seine Schuhe aus;
Die andern sitzen herum und pflücken Brombeeren.«

Es gibt zwei Ebenen, auf denen wir sehen können. Wir können bei den Dingen selbst stehenbleiben, oder wir können zwar sie selbst sehen, aber auch durch sie hindurchsehen und ihren transzendenten Bezug wahrnehmen. Simone Weil, die französische Denkerin, hat einmal behauptet, daß Gott seine Schöpfung durch uns wahrnimmt. Wenn das so ist, dann besteht eine viel engere Beziehung zwischen Gott, der Welt und mir, als ich wagte zu denken. Dann ist die gegenseitige Zugewandtheit viel größer, und ich stehe in der Mitte eines mystischen Vorgangs, den ich nur ahnen kann. Vielleicht erklärt das auch, daß ich Gott nicht in der Welt um mich herum suche, sondern daß ich ihn finde. Ich finde ihn, ohne zu suchen. Seine Gegenwart ist da. Gott versteckt sich nicht, so daß ich ihn suchen müßte, aber sehen lernen muß ich schon.

Es gibt noch eine Weiterführung dieser Wahrnehmung, die nicht unbedingt ins Reflektieren gehen muß. Ich denke hier an all die Ausdrucksformen, die eine Art Antwort auf das sein können, was ich sehe, höre, schmecke, rieche und durch die Haut spüre. Beten ist Anreden, aber es kann auch Gestalten sein. Gestalten, also auf irgendeine Weise formen, mag für manche ein noch stärkeres In-Beziehung-Treten sein als das anredende Aufzählen. Ich möchte das an einem Beispiel deutlich machen.

Für mich ist das Fotografieren eine Form von Gebet. Wenn ich vor einem Baum stehe, nehme ich mit jedem Bild, das ich schieße, mehr und mehr Beziehung auf. Es wird zu einer Begegnung, zu einer Liebesbeziehung, nicht unähnlich einer Liebesbeziehung zu einer Person. Einerseits steige ich in den Baum hinein und beginne die Welt durch den Baum zu sehen und zu verstehen, andererseits nehme ich den Baum in mich auf und lasse mich durch sein Leben und Leiden, das sich in seiner Struktur ausdrückt, ansprechen und betreffen. Ich fotografiere dann zunehmend nicht mehr nur den Baum, sondern das Leben selbst, wie es sich in diesem Baum gestaltet hat. Mit der Auswahl meines Objektives, mit der Wahl des Ausschnitts, mit Belichtung und Tiefenschärfe bete ich. Ich merke dann manchmal, wie ich meine Kamera liebe, auch wenn sie »nur« ein Ding, eine Maschine ist, aber eben weil sie mir ermöglicht, Begegnung zu erleben. Sie ist dann mein Gebetsschemel, sie ist mein Wort, sie ist meine gefalteten Hände. Diese Momente gehören zu den glücklichsten meines Lebens, und ich spüre in ihnen die tiefe Verbundenheit mit Gott und der Welt um mich. Wenn ich durch den Sucher sehe, sehe ich in die Augen Gottes und der Welt und lasse mich von ihnen sehen. Wortlos spricht alles.

Beim Fotografieren von Porträts erlebe ich das manchmal noch stärker. Ich sehe in die Augen einer Person, sehe durch die Augen etwas von der Seele und dem Geist des Menschen, begegne dem Ebenbild Gottes und damit der Göttlichkeit des Menschen. Und ich werde gesehen und lasse mich sehen. Zwischen mir und dem Porträtierten geschieht etwas.

Ich vermute, weil ich das Fotografieren als Beten erlebe, wird es zunehmend mehr etwas Monastisches für mich. Ich bin gern allein beim Fotografieren, oder mit jemand, der/die auch fotografiert und die Handlung ähnlich erlebt. Beim Beten kann man keine Zuschauer gebrauchen.

Ähnliches wie für das Fotografieren ließe sich für das Arbeiten in Ton, das Malen, Tanzen, Bildhauern und andere gestalterische Möglichkeiten sagen. Wo sie mit innerer Beteiligung, mit dem Sein des Ausführenden erfüllt sind, sind sie Beten. Gottes Schöpfung der Welt war ein Gebet, ein Ins-Leben-Rufen der unendlichen Vielfalt. In unserer Kreativität ist uns die Möglichkeit gegeben, dieses schöpferische Beten fortzusetzen, neben Gott zu stehen und an der Entfaltung und Erhaltung der Welt mitzuwirken.

Du hast deine Hände nicht gefaltet,
aber als du bewußt an den Blumen
auf dem Fensterbrett vorbeigingst,
hast du da nicht wortlos gebetet?

Du hast nicht die Augen geschlossen
und den Kopf gesenkt,
weil du nichts verpassen wolltest.
Aber war dein Sehen nicht dein Beten?

Du hast keine Bitte ausgesprochen,
weil dir die Worte fehlten,
aber wurde dein ganzes Wesen nicht zu einer Bitte,
als du das Leid in Mosambik sahst?

Du hast nicht gelobt,
aber konntest du nicht auf der Luft gehen
und hast du nicht geglüht,
als du an den Reichtum deines Lebens dachtest?

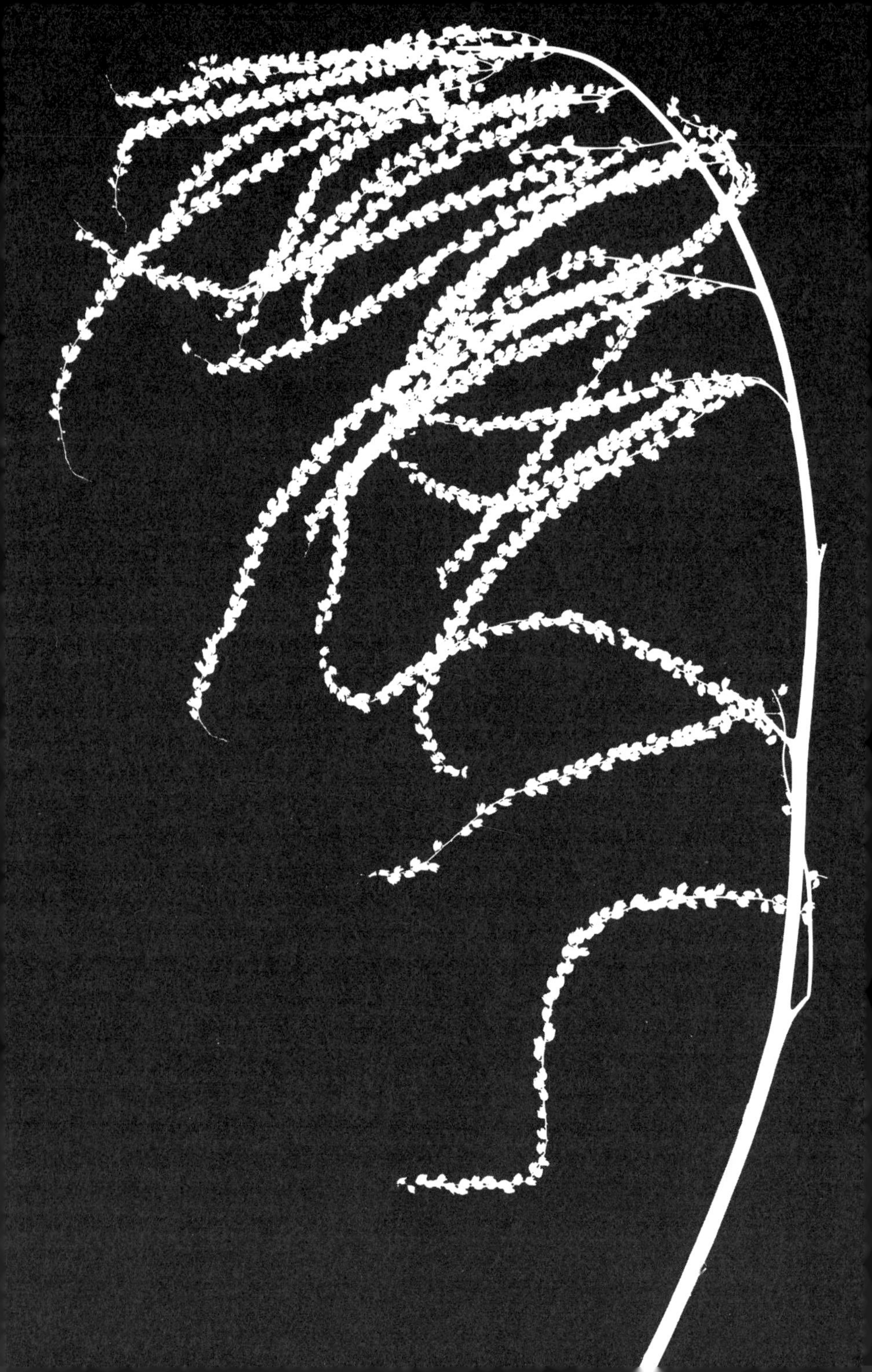

Leer sein

Das Gefühl des Erfülltseins, aus dem heraus gebetet wird, ist sicherlich bekannt. Der Mensch fließt über zu Gott und anderen hin. Ich glaube aber auch, daß das Gegenteil, die Leere, als Gebet verstanden werden kann. Es gibt viele Formen von Leere. Die Leere nach einer besonders erfüllten Zeit. Die Leere in meinem Selbstverständnis: Ich weiß nicht, wer ich bin, ich kenne mich selbst nicht. Die Leere des Unwissens in meinem Glauben: Was kann ich noch glauben, was ist Aberglauben, wie verwegen traue ich mich zu sein auf meinem Weg zu Gott hin? Die Leere in Beziehung: Ich bin allein und scheine zu niemandem Kontakt zu finden. Die Leere der Sinnlosigkeit: Es scheint alles keinen Zweck und kein Ziel zu haben, und ich komme mir überflüssig in dieser Welt vor. Es gibt auch die Leere, die ein Loslassen von allem Überflüssigen und Störenden ist, in der das Wesentliche wieder eine Chance hat, sich bemerkbar zu machen.

Leer zu sein kann ein schreckliches Gewicht für einen Menschen bedeuten, besonders wenn wir von einem vollen Leben ausgehen und es auf jeden Fall immer »voll« halten wollen. Dann ist jede Leere eine Bedrohung, die beseitigt werden muß. Wir leben in einer Kultur, die Angst hat vor Leere. Wir versuchen alles zu füllen, weil die Leere uns an unsere Vergänglichkeit erinnert. Die Leere wirft uns auf uns selbst zurück, und auch davor haben viele Angst. Wir verdrängen darum die Leere mit Aktivitäten, mit einem Lebensstil, der überfüllt ist, so daß uns keine »Leere« bleibt, in die wir fallen könnten.

Ich will versuchen, die Leere als Möglichkeit, als Potential, als Herausforderung, als Hoffnung zu verstehen. Da, wo ich begreife, daß jede Erfüllung mit einer Leere verbunden ist, daß jeder Erfüllung eine Leere vorausgehen mußte, ja daß die beiden eine mystische Einheit bedeuten, begreife ich meinen Reichtum in der Leere. Da ist die Leere in mir wie ein Feld, das vorbereitet ist für die Saat.

Ich erlebe meine Leere als ein wortloses Gebet um Fülle. Mich zu meiner Leere zu stellen, sie auszuhalten, sie zuzugeben, das ist das Mich-auf-Gott-Werfen oder In-Gott-Sein. Ich erlebe das nicht in erster Linie als das Verhältnis zwischen Gott als dem Gebenden und mir als dem Nehmenden. Für mich ist es stärker das Verhältnis zwischen Gott als dem Auftuenden und mir als dem, der aufgetan wird. Leere ist Entwicklungsfähigkeit. Daß ich die Leere überhaupt spüre, deutet auf die Existenz des Fehlenden hin. Das ist der betende Umgang mit der Leere, um den ich mich bemühe.

Anders ausgedrückt: Die Leere des Nicht-Wissens in meinem Leben ist die Öffnung zu Gott hin. Der Glaubende lebt in einer offenen Welt, die keine Begrenzungen hat, weil sie von der Grenzenlosigkeit Gottes geschaffen ist. Der Wissende neigt dazu, die Welt mit seinem Wissen zu begrenzen und sie zu verschließen. Wissen setzt Grenzen, die auch die Beweglichkeit des Menschen begrenzen. Die Leere des Nicht-Wissens wird zum allumfassenden Seinsgebet des Menschen. Der englische Lyriker T. S. Eliot (1888–1965) hat den Weg in diesen Zustand in seinen »Four Quartets« so ausgedrückt:

»Um bei dem anzukommen, was du nicht weißt,
  mußt du den Weg der Unwissenheit gehen.
Um das zu besitzen, was du nicht besitzt,
  mußt du den Weg der Enteignung gehen.
Um das zu werden, was du nicht bist,
  mußt du den Weg gehen, auf dem du nicht bist.«

Der Weg zur Fülle führt über die Leere, über das

Loslassen. Der volle Mensch kann nicht mehr gefüllt werden. Leere ist darum unsere Chance.

Leere ist nicht nur die Möglichkeit der Fülle, sondern es ist auch etwas in sich. Ich kenne keinen Text, in dem das so deutlich zum Ausdruck kommt wie in dem Gedicht des weisen Chinesen Lao-tse, der vor 2600 Jahren lebte. Er weist darauf hin, daß gerade die Leere dem, was sie umgibt, die Bedeutung gibt.

»Der Reifen des Rades
wird gehalten von den Speichen,
aber das Leere zwischen ihnen
ist das Sinnvolle beim Gebrauch.

Aus nassem Ton formt man Gefäße,
aber das Leere in ihnen
ermöglicht das Füllen der Krüge.

Aus Holz zimmert man Türen und Fenster,
aber das Leere in ihnen
macht das Haus bewohnbar.

So ist das Sichtbare zwar von Nutzen,
doch das Wesentliche bleibt unsichtbar.«

Hier wird die Leere zu einem Ausgleich, zu einem Gegengewicht, das die Balance erhält. Eine Wohnung wird geräumig durch die Flächen, die leer sind, die nicht mit Möbeln vollgestellt sind. Wenn die Möbel die Wohnung ganz ausfüllen würden, könnte man nicht in ihr wohnen. Die Leere zwischen den Tönen ergibt den Rhythmus in der Musik. Die Leere auszuhalten bedeutet, den Rhythmus des Lebens wahrzunehmen.

So verstehe ich die Leere in mir als Gebet der Vorbereitung und des Vertrauens auf eine sinnvolle, rhythmisch richtige Fülle. Ich brauche nicht verbal um Fülle zu bitten, meine angenommene Leere tut es bereits.

Du bist ein endloses,
weißes Blatt Papier.
Leer. Unbeschrieben. Frei.
Du denkst immer weniger.
Du erlaubst die Leere.

Es bleibt weiter leer in dir.
Dann wollen Botschaften auf das Blatt gelangen,
um wichtig zu werden,
aber es gelingt ihnen nicht.
Du bleibst weiß.

Es wird auch still in dir.
Ruhe. Keine Geräusche. Wortlosigkeit.
Du willst nichts mehr.
Du willst nicht mehr gewollt werden.
Du erlaubst die Wunschlosigkeit.

Dann füllt sich die Leere.
Aber mit nichts.
Die Stille füllt sich,
aber nicht mit Hörbarem.
Auf dem weißen Papier
erscheint in weißer Tinte
dein voller, einmaliger Name.
Nur du kannst ihn lesen.

Danach wird keine Leere und keine Stille,
keine Botschaft und kein Wort
je wieder so sein, wie sie vorher waren.

Dein Name ist erschienen,
du bist gerufen worden.

Essen

Wahrscheinlich sind die meisten von uns mit Tischgebeten aufgewachsen. Ob es das bekannte »Komm, Herr Jesus, sei du unser Gast...« war oder ein freigesprochenes Dankgebet für das Essen auf dem Tisch, früher oder später ist es für viele schwer geworden, wirklich hinter dem Tischgebet zu stehen und es jedesmal von Herzen beten zu können. Angesichts einer Hungersnot, ob in Bangladesch, Äthiopien oder Mosambik, sind für viele auch Worte wie »Und gib den Hungernden auf der ganzen Welt ihr tägliches Brot...« nicht mehr aussprechbar. Sie bleiben ihnen im Halse stecken.

Aber eine Mahlzeit ganz ohne Gebet zu beginnen ist für viele ebenso schwer. Es fehlt etwas, und man hat Angst vor einer unempfindsamen Selbstverständlichkeit im Annehmen von solchen Kostbarkeiten wie Milch, Brot, Reis, Kartoffeln und Frucht. Und so spricht man halt ein Dankgebet oder liest vielleicht eins von einem Schriftsteller, der sich darüber mehr Gedanken gemacht zu haben scheint. Erst wieder das Verbalisierte scheint den Menschen zu beruhigen.

Auch hier suche ich nach einer integrierteren Form der Dankbarkeit und der Reaktion auf das, was vor mir zum Essen dasteht. Ich erlebe die Handlung des Essens als etwas sehr Schönes und merke, wie konzentriert ich dabei sein kann, während mir die meisten Tischgebete wirklich wie eine fromme Pflicht vorkommen. Diese Konzentration während des Essens sagt mir etwas. Mit der Handlung des Essens danke und würdige ich. Das ist mein Gebet. Warum eigentlich diese Worte, wenn ich doch in der Handlung des Essens mit meinem ganzen Wesen gegenwärtig bin, während die Worte meistens Wiederholungen sind, die nur schwer jeden Tag neu gefüllt werden können? Warum? Ist es nicht eine stille Entwürdigung des ganzen Essensvorganges, wenn ich meine, daß ich nicht dankbar gewesen bin, wenn ich es noch nicht verbalisiert habe? Das erinnert mich an Menschen, die zwar mit dem Mund »Danke« sagen, aber ihr ganzes Wesen ist nicht Dankbarkeit, sondern Forderung, während andere vielleicht noch nicht einmal das Wort »Danke« sagen, und doch spürt man ihnen ihre Dankbarkeit an. Mir ist das zweite viel echter und lieber.

Aber ich merke auch, daß essen und essen nicht dasselbe ist. Das schnelle Mich-Vollstopfen ist für mich auch nicht Beten. Ich würde es dem gedankenlosen Tischgebet zur Seite stellen. Wenn ich so esse, würdige ich das Essen nicht. Wenn Essen für mich Beten sein soll, dann hat es auch mit Zuwendung zu tun. Das Essen ansehen, die unterschiedlichen Farbtöne in einem Apfel wahrnehmen, die Gewürze riechen, das volle Korn in einem Schwarzbrot spüren und schmecken, die Augen schließen und die Gerüche in der Küche oder am Eßzimmertisch identifizieren, sich mal einen Tag lang auf ganz elementare Lebensmittel beschränken, eine Handvoll Reis, ein Stück trockenes Brot, ein Glas Wasser, das kann alles Würdigung sein.

Genießen gehört auch zum Essen dazu. Genießen und Genuß haben unter vielen Christen ja immer noch einen negativen Beigeschmack. Die Freude des Genießens hat für manche schon fast etwas Dekadentes an sich. Ich möchte lernen, das Genießen wirklich als Gebet zu sehen. Ich meine hier nicht opulente Mahlzeiten, bei denen auch noch das meiste fortgeworfen wird, sondern das Auskosten, das Wahrnehmen und Entdecken der Lebensmittel, die wir täglich zu uns nehmen. Ein Stück Schwarzbrot wieder einmal ganz langsam und ohne etwas drauf zu essen. Den Unterschied im Geschmack zwischen zwei Äpfeln wahrnehmen. Ein Glas kühler Milch verfolgen, wie sie in mir die Speiseröhre hinunterläuft zum Magen. Handlungen wie diese ganz tief in mich aufnehmen in dem Wissen, daß ich Geschenken Gottes begegne und Gott im Essen an mir handelt.

Über das Wunder der Entstehung dieser Lebensmittel nachdenken, vom kleinen Samen bis zum fertigen Produkt vor mir auf dem Tisch. An die Hände denken, die von Beginn an bis zum letzten Moment daran geschafft haben, daß alles jetzt vor mir steht. Und dann über das Wunder staunen, daß ich diese Lebensmittel verdauen kann und mein Körper sich das aus ihnen nimmt und verwandelt, was er braucht.

Bei dem einfachen Vorgang des Essens haben wir es überall mit Wundern zu tun. Diese Wunder wahrzunehmen ist Beten. Wir hoffen, daß Beten nicht nur die Situation, sondern auch den Menschen selbst verwandelt; das ist bei dem Entdecken der Wunder, wie ich sie gerade angedeutet habe, sicherlich der Fall. Ein Mensch, der so ißt, wird erfüllt werden mit Dankbarkeit, mit Staunen, aber auch mit dem Schmerz für die Hungernden. Und wieder ist über die Handlung des Betens, diesmal des Tischgebets, die Verbindung des Betenden zu sich selbst, zur Welt und zu Gott hergestellt. Gott und die Welt kommen im Essen zu dem Essenden.

Warten

Wir verbringen alle viel Zeit mit Warten. Beim Arzt, auf das Ende der Woche, auf die Begegnung mit einer Person, auf das Essen, auf die Ferien, auf eine Tagung, auf unsere Reife. Wir warten. Warten kann ein Wegwünschen der Zeit sein. Wir können das Warten wie ein Überbrücken von sinnloser und leerer Zeit sehen, oder es kann eine Zeit sein, die gerade dadurch, daß sie zwischen die »wichtigen« Ereignisse fällt, eine besondere Funktion hat.

Ich verstehe das Warten als Vorbereitung, als das innere Einstellen auf das, was in meinem Leben geschehen wird. Erfüllt zu warten heißt, der Entwicklung ihren Raum zu geben und zu begreifen, daß es eine rechte Zeit und eine unrechte Zeit gibt. Warten so zu sehen, das heißt für mich, den Ablauf meines Lebens in all seinen Bezügen betend zu tragen. Es ist ein Ernst-Nehmen des Rhythmus' des Lebens.

Es geht mir auch hier wieder nicht darum, während des Wartens zu beten. Das Warten selbst ist schon eine Form des Betens, weil es ein waches Wahrnehmen des Lebens ist. Ich warte mit meinem Sein, mit meinem Wesen. Ich traue Gott, indem ich nicht voreilig handle. Indem ich nichts erzwinge, glaube ich. Ich vertraue, daß ich den Moment, in dem ich zu handeln habe, erkennen werde. Wenn ich so warte, kann ich in Gott ruhen.

Das Verrichten alltäglicher Tätigkeiten

Ich möchte das Beten in den alltäglichen Tätigkeiten entdecken. Mein Leben setzt sich aus einer Unzahl von Wiederholungen zusammen, die Gefahr laufen, mein Leben zu entleeren, wenn ich nicht lerne, mit ihnen umzugehen. Ich glaube, daß sich die innere Reife eines Menschen im Umgang mit den Alltäglichkeiten zeigt. In besonderen Situationen können wir über uns selbst hinauswachsen, aber gelingt es uns, daß wir uns der alles zernagenden Gewöhnung widersetzen? Ist es nicht zuwenig, wenn wir nur von Höhepunkt zu Höhepunkt leben und alles Dazwischenliegende schlecht und recht in Kauf nehmen?

Ich wünsche mir vom Gebet, daß es gerade das Nebensächliche betrifft und verwandelt. Besondere Gespräche sind seltene Geschenke, aber aufstehen und mich waschen tue ich jeden Tag. Momente besonderer Einsicht passieren nicht oft, aber telefonieren tue ich fast jeden Tag. Epiphanien sind nicht die Regel, darum möchte ich lernen, die Diaphanien zu sehen. Wenn Gott nicht direkt erscheint, dann wünsche ich mir wenigstens, daß er durch alles hindurchscheint.

Es geht um das bewußte Verrichten der täglichen Kleinigkeiten. Aufstehen, mich waschen, Zähne putzen, das Frühstück bereiten, telefonieren, zur Arbeit fahren, Post lesen und beantworten, Blumen begießen, etwas im Haus reparieren, kochen, Rechnungen bezahlen, den Nachbarn grüßen, aufräumen, das sind die Tätigkeiten, die so leicht leer werden und das ganze Leben hinunterziehen. Wie können wir sie beleben und füllen? Wenn ich sie als Gebet verstehe, werde ich mein Wesen stärker in diese Handlungen einfließen lassen. Ich werde in ihnen nicht nur die Handlungen selbst sehen, sondern auch immer wieder neu ihre tieferen Möglichkeiten entdecken.

Wenn ich den Brief eines Menschen lese, kommt mir damit ein ganzes Menschenleben entgegen. Der Brief ist nur ein kleiner Ausschnitt aus diesem Leben. Wo ich mich diesem Brief widme, drücke ich aus, daß ich an Kommunikation und Begegnung glaube, und meine Handlung wird zu einem Gebet. Ich will lernen, in dieser Weise mit der Post umzugehen. Pflanzen begießen kann mehr sein als nur eine lästige Pflicht. Ich kann die Pflanzen mit meiner Zuwendung segnen. Ich kann ihre Geschöpflichkeit sehen, ihre Verbundenheit mit mir. Ich kann die Freude, die sie mir machen, bewußter wahrnehmen, und aus der Pflicht, die nötig ist, kann eine gefüllte Gebetshandlung werden. Wenn ich aufräume, schaffe ich mir Raum zum Leben, ich werde frei, ich stelle eine Ordnung her, die mich auch tief innen betrifft. Für mich zieht das äußere Aufräumen ein inneres nach sich. Ich merke die Verwandtschaft der beiden, und die Ordnung, die ich schaffe, ist Ausdruck meines inneren Wunsches, meines Gebets um Klarheit. Ich bete, wenn meine Hände aufräumen.

Es geht mir bei diesen Tätigkeiten nicht darum, sie *mit* einem Gebet zu vollziehen, sie also durch Verbalisieren zu adeln. Der Sinn einer Handlung muß nicht erst durch das Wort geschaffen werden. Die bewußte Tätigkeit selbst ist schon ihr Sinn, ist schon das Gebet. Wenn ich mich in die Handlungen hineinbegebe, belebe ich sie, und damit werden sie Ausdruck meiner Person.

Wir leben in einer Zeit der Superlative. Alles muß weiter, höher, mächtiger, beeindruckender, gewaltiger sein. Wir scheinen uns schier zu überschlagen im Versuch, alles Gewesene irgendwie zu übertreffen. Dabei stoßen wir an Grenzen: Grenzen unserer Kräfte, unseres Geldes, unseres Verstandes, und viele stürzen durch diese Begrenzungen in Depressionen ab. Das Denkbare ist nicht immer erreichbar, das bereits Erreichte ist nicht mehr zu übertreffen. Wo kann es weitergehen? Ich glaube, daß der Weg in das Kleine und Unscheinbare, in das Vorsichtige und Unauffällige, in das Alltägliche offensteht. In dieser Richtung gibt es ungeahnte Schätze, die noch zu entdecken sind, aber es bedarf einer Veränderung in der Blickrichtung. Im Alten Testament wird berichtet, daß Gott sich dem Propheten Elia am Horeb offenbart. Da heißt es, daß erst ein großer, starker Wind kam, der die Berge zerriß und die Felsen zerbrach, danach kam ein Erdbeben, danach ein Feuer, und Gott war weder in dem Wind noch in dem Erdbeben noch in dem Feuer. Am Schluß kam ein stilles, sanftes Sausen, und Gott war darin. Ich will Gott in den Alltäglichkeiten entdecken und so bewußt mit ihnen umgehen, daß sie zu Gebeten werden.

Das Schweigen in dir beängstigt dich,
denn du kennst den Druck:
beten zu sollen,
Gott etwas sagen zu müssen,
zu formulieren, was dich beschäftigt.
Aber kein Wort ist das Wort,
das du suchst.

Du probierst sie alle aus,
aber keins paßt auf dich.
In keinem kannst du sein.
Du bist wortlos
und weißt nicht,
ob du so sein darfst.

Aber willst du lügen?

Schweigen

Wir gebrauchen den Begriff »beredtes Schweigen« und deuten damit an, daß das Schweigen auch zum Sprechen gehört. Nicht nur die Worte sprechen, sondern auch die Stille, welche die Worte voneinander trennt, spricht.

Ich möchte kurz drei Arten zu schweigen skizzieren. Wo wir uns bewußt im Schweigen auf Gott oder einen anderen Menschen ausrichten, beten wir. Es handelt sich dabei um ein bejahtes Schweigen, nicht um ein Schweigen, das man um jeden Preis so schnell wie möglich wieder in Worte verwandeln möchte.

Das Schweigen der Sprachlosigkeit: Es gibt Erlebnisse, Situationen und Einsichten, die sich nicht in Worten ausdrücken lassen. Alle Worte reduzieren sie nur. Es ist das Erlebnis des Randes und der Grenze, die uns sprachlos werden lassen. Dieses Schweigen ist dann die Gebetsaussage. Das Schweigen selbst ist Lob, Dank, Anbetung. Es ist die Sprache des Überwältigtseins. Manchmal, nachdem ich einen mir wichtigen Text öffentlich vorgelesen habe, vielleicht zum ersten Mal, bin ich froh, wenn es nach dem Lesen still bleibt, wenn niemand etwas sagt oder fragt. Ich nehme das als Ausdruck der Betroffenheit an und freue mich über diese Stille, mehr als über irgendwelche Kommentare. Das Schweigen ist die beredte Antwort der Zuhörer. Es ist ein Schweigen, in das ich mit hineingenommen werde. Wir begegnen uns im Schweigen. Diese Kommunikation ist Zuwendung und Gebet.

Das Schweigen aus Not: Auch hier reicht die Sprache nicht aus, um den inneren Zustand des Menschen zu artikulieren. Diesmal ist es der Schmerz oder die Ausweglosigkeit, die in die Sprachlosigkeit führen. Hier kann sich das Schweigen wie ein lauter Schrei an Gott richten. Es ist ein tieferer und existentiellerer

Schrei als alle Worte. Hier verlangt Gott keine Worte von uns, und ich selbst will meine Wortlosigkeit ernst nehmen, indem ich sie aushalte.

Schweigen als Teil eines Gesprächs. Worte bekommen ihre Stärke und ihr Gewicht von dem Schweigen, in das sie gebettet sind. Wenn wir zuviel reden, werden wir unglaubwürdig. Unsere Worte werden billig. Ihnen fehlt die Stille der Überlegung. Sie entstehen nicht aus dem Schweigen. Alle Gespräche, besonders die, die über eine lange Zeit gehen, vielleicht über Jahre, brauchen Zeiten des Schweigens. In diesen Zeiten regeneriert sich das Gespräch. Dieses Schweigen ist Ausdruck des Vertrauens, daß das Gespräch weitergehen wird.

Wo wir nicht mehr schweigen können, verlieren wir eine wichtige Form des Betens.

Ich bin umgeben
von einer gefüllten Stille.
Gott geht nicht mehr ein und aus.
Er spricht nicht und schweigt nicht.
Weder richtet noch begnadigt er.
Er ist nicht innen oder außen.
Er ist nicht menschlich oder göttlich.

Ich weiß nichts und bin doch nicht unwissend.
Ich bin weder frei noch gefangen.
Ich besitze nichts und bin doch reich.
Ich bin nicht schuldig und nicht unschuldig.
Ich bin erfüllt von der Stille
und merke das Ende der Worte.

Alle Grenzen sind künstlich.

Das »Ich-Bin-Ich«-Sagen

Ich bete. Ich entdecke die Zusammenhänge. Ich schweige. Aber wer bin ich, wer ist dieses Ich, das da betet? Die Frage »Wer bin ich?« hat den Menschen schon seit den Anfängen seines Bewußtseins umgetrieben und wird ihn sicherlich immer weiter beschäftigen. Ich verstehe einerseits, diese Frage zu stellen, und andererseits auch die Antwort darauf, sei sie auch noch so hilflos und vorläufig, als Beten. Es ist Ausdruck des Menschen, der sich ausstreckt nach Bewußtsein, nach Einsicht und Erkenntnis, nach Weisheit, nach Nähe zu Gott und Menschen. Dieses Ausstrekken, diese Sehnsucht habe ich als Beten zu charakterisieren versucht. Jetzt möchte ich die Antwort auf »Wer bin ich?« ebenso als Gebet skizzieren.

Wenn ich weiß, wer ich bin, dann weiß ich meistens, wer ich war. Die Reflexion über mich ist in erster Linie ein Nachdenken über das, was ich getan und gedacht habe. Es ist vorbei. Für mich war es eine wichtige Entdeckung, daß ich in die Reflexion über mich selbst auch die Zukunft mit hineinnehmen kann. Die Frage »Wer will ich sein?« gehört auch schon zu meiner Gegenwart, und indem ich mir überlege, wer ich sein will, arbeite ich schon intensiv an meiner Zukunft und bin ihr nicht nur hilflos ausgeliefert.

Aber es bleibt ja nicht bei der Frage. Ich liefere mir dann auch Antworten. Ich beginne ein Bild zu malen, aufgrund von vielen Beiträgen: Meine Freunde, meine Familie, etwas, was ich lese, meine Reaktionen auf Politisches, Soziales, die Reaktion Fremder auf mich, sie alle tragen bei zu dem Bild, das ich von mir entwickle. Farbton kommt zu Farbton, und langsam entsteht das Bild. In diesem Prozeß gibt es viele vorläufige Aussagen, vielleicht sind alle Aussagen vorläufig, deshalb jedoch nicht unwichtig. Ich entwickle ein Profil, an dem ich mich selbst erkenne und an dem mich auch andere erkennen können.

Dieses wachsende Bewußtsein, wer ich bin, ist mein Gebet. Es ist wie eine Hingabe vor Gott und Menschen: Das bin ich. Ich bin so, wie ich bin. Ich habe Stärken und Schwächen. Ich bin hilflos und hilfsbereit. Ich bin traurig und froh. Ich habe Grenzen, während ich mich anderswo schier grenzenlos empfinde. Ich habe eine Geschichte, die mich geprägt hat, ich kann ihr nicht ganz entrinnen, aber ich arbeite mit ihr. Ich lebe in Beziehungen, die mich prägen, die mich quälen, die mich glücklich machen. Sie gehören zu mir. Ich habe einen Körper, der mir manchmal Mühe macht, der schmerzt, der mich an meine Verletzbarkeit und Sterblichkeit erinnert. Ich habe eine Seele, die voller Sehnsüchte ist. Sie träumt und will manchmal nicht erwachsen werden. Sie sucht die Verschmelzung, die alles so vereinfacht, daß es nicht mehr der Wirklichkeit entspricht. Ich habe einen Geist, der ständig versucht, die Zusammenhänge des Lebens zu begreifen, der sich nach Gott und Menschen ausstreckt und nicht müde wird, mich zu ermutigen, sinnvoll zu leben.

Ich *habe* einen Körper, eine Seele, einen Geist, aber ich *bin* auch mein Körper, meine Seele, mein Geist. Ich bin sie, sie sind ich. Ich bin anders als irgendein Mensch, den ich kenne. Das ist manchmal schmerzhaft, aber dann auch wieder wunderbar. Ich freue mich an meiner Einmaligkeit.

All diese Aussagen sind hier in Worten formuliert, um die inneren Vorgänge deutlich zu machen. Aber ich glaube, daß das Beten schon viel früher beginnt. Die Wahrnehmung dieser meiner Wirklichkeiten ist bereits das Gebet. Ich vergrabe dieses »Ich-bin-Ich« nicht in mir, sondern lebe offen damit. Die Mitteilsamkeit ist das Gebet. Natürlich gibt es Geheimnisse und einen Innenraum, der nur wenigen oder niemand zugänglich ist. Auch das gehört zu mir. Aber generell will ich mich mitteilen und mich von anderen erkennen lassen als der, der ich bin.

Ich bin. Ich bin, der ich bin. Mein Sein gibt mir Wert. Ich bin mir treu, soweit ich mich überhaupt kenne. Weil ich mir selbst treu bin, ist mir zu trauen. Das sind Aussagen des Glaubens und Vertrauens, das sind Haltungen des Betens. Ich stehe zu dem Geschöpf, das Gott geschaffen hat, und ehre damit die Schöpfung. Mein Selbstbewußtsein, in dem Sinne, daß ich mir meiner selbst bewußt bin, ist eine Antwort auf die Ansprache Gottes, der mich ins Leben ruft und der mir einen Namen gegeben hat. Mein »Ich-Bin-Ich« ist ein Lob.

Miteinander sprechen

Ich will nun eine Form des Betens anführen, die Worte benutzt, aber sicherlich für manche als Beten doch ungewöhnlich ist. Unter Christen gibt es einen Ablauf, der sehr häufig passiert. Zwei Menschen treffen sich zum Gespräch und tauschen sich aus über die Dinge, die ihnen wichtig sind. Es ist ein intensives Gespräch in Herausforderung und Ermunterung. Für beide ist wichtig, was hier gesagt und gedacht wird. Das Gespräch bietet beiden Grundlage, Korrektur, Hilfe, Ausblick. Dann ist die Zeit des Gesprächs zu Ende, und beide meinen jetzt noch beten zu müssen. Das Gebet mag ihnen wie angehängt erscheinen, und sie mögen sich seltsam fühlen.

Was geschieht hier? Das Gebet mag ihnen wie angehängt anmuten, weil sie das ganze Gespräch miteinander bereits als Gebet empfunden haben, es aber nicht bewußt so wahrnehmen oder sich nicht trauen, es so zu nennen. Sie haben Gott in dem Gespräch erlebt, glauben es aber nicht und müssen es sich mit Hilfe eines Gebets einreden. Es ist eine Geringschätzung ihres eigenen Erlebens und ein Mißbrauch des Gebetes.

Ich sehe den Austausch, in dem ich mich wirklich anwesend mache und in dem ich mich nach dem anderen ausstrecke, um ihn über die Worte hinaus, die er sagt, zu verstehen, als Gebet an. Ich rede nicht nur zu dem anderen Menschen, sondern ich befinde mich auch gleichzeitig in der Beziehung zu Gott. Wenn Martin Buber in seinem Buch »Ich und Du« schreibt: »Alles wirkliche Leben ist Begegnung«, dann möchte ich hinzufügen: Jede wirkliche Begegnung ist Gebet. Jesus sagte seinen Jüngern: »Wo zwei unter euch eins werden auf Erden, werden sie von meinem Vater im Himmel das bekommen, worum sie bitten.« Und im nächsten Vers heißt es: »Wo zwei oder drei versammelt sind in meinem Namen, da bin ich mitten unter ihnen.« In der offenen, echten Begegnung ist Gott anwesend. Er begegnet mir im anderen, und der andere begegnet ihm in mir. Gott bedient sich unserer Münder, unserer Arme, unserer Ohren, unserer Füße. Wir schaffen seine Gegenwart. Wir sprechen und hören Wort Gottes.

Mir scheint es manchmal, daß nichts so schnell Gott »vertreiben« kann wie ein gesprochenes Gebet. Ihn im Laufe eines Gespräches nicht bemerkt zu haben und ihn dann am Ende herbeizuzitieren wie einen Diener, damit er das, was wir gerade miteinander erlebt haben, noch absegnet, erlebe ich als Kurzsichtigkeit, die ich überwinden möchte. Ich spüre, daß es wenig mit meiner Beziehung zu Gott zu tun hat, sondern einfach ein Ausdruck meiner Unsicherheit ist.

Natürlich geht es nicht um das Zusammen-*Reden*, sondern um das Zusammen*sein*. Die Worte sind manchmal nur der Vorwand, zusammensein zu können, weil wir noch nicht gewohnt sind, uns wortlos oder nur in gemeinsam ausgeführten Tätigkeiten zu begegnen. Der verbale Austausch legitimiert unser Treffen. Worte heben unsere Schüchternheit auf. Aber vielleicht können wir üben, über die Worte hinaus, tief in uns etwas von der Anwesenheit Gottes in unseren Gesprächen und gemeinsamen Taten zu entdecken. Vielleicht finden wir so zu einem neuen Verständnis für den Aufruf, allezeit zu beten.

Sag du: Ich Bin!
Laut und kräftig, damit ich dich höre.
Ich will dich erleben in deiner Festigkeit.
Ich will auf dich stoßen,
so wie die Welle auf einen Felsen stößt.
Ich will mich an dir wund oder gesund stoßen,
weil ich erwachsen werden will.

Ich will dich,
nicht deine Masken,
ich will deine Tiefe, deine Weite,
nicht die Sicherheit deiner Oberflächlichkeit.

So will ich dich,
weil ich Gott sprechen hören will
durch dich,
weil er in den leeren Phrasen
der guten Manieren,
in dem Man-macht-das-so-und-So
nicht spricht.

Gott will ich hören.
Sei du die Stimme,
die ich so nötig habe.

Das Begreifen des besonderen Moments

Es gibt besondere Momente in unserem Leben, die an uns vorbeigehen, weil wir auf sie nicht vorbereitet sind. Wir sind so stark von unserem Ausgangspunkt und von unserem Ziel geprägt, daß wir das Besondere des Weges, auf dem wir uns im Moment befinden, nicht bemerken. Wir sind blind für das Wunder, das in uns, um uns oder zwischen uns und einem Ding oder einem Menschen passiert. Wir verpassen es, weil wir es woanders suchen oder unsere Antenne für Ereignisse dieser Art verloren haben.

Ich erlebe es manchmal in ganz alltäglichen Situationen. Ich trete ans Fenster und sehe hinaus in den Abendhimmel. Er mag nicht viel anders aussehen als am Vortag, und doch geschieht etwas. Ich nehme etwas wahr und ahne etwas von den Zusammenhängen, in denen ich stehe. Ich spreche mit einem Menschen, und plötzlich sind wir anders verbunden als in der ersten halben Stunde unseres Gespräches. Es ist nicht genau zu sagen, was diese Veränderung bewirkt hat, und es ist auch nicht abzusehen, wie sie uns verändern wird. Der Moment hat sein besonderes Mysterium, und ich merke, daß es eine Kunst, aber auch Übung ist, dieses Geheimnis wahrzunehmen und ins Leben aufzunehmen. Es ist wie ein Fenster in den inneren Zusammenhang, ein Blick in die Werkstatt der Welt.

Ich glaube, daß dieses Aufmerken und Wahrnehmen des besonderen Moments zum wortlosen Beten gehört. Das Beten passiert im Herbeisehnen und im Wahrnehmen. Vielleicht ist das gemeint, wenn die Bibel von Erkenntnis spricht, oder gar von Offenbarung. Wenn Beten auch Hören ist, dann scheint es mir wichtig zu sein, auf dieser grundsätzlichen Ebene zu hören und nicht schon besetzt zu sein von vorgefertigten Ansichten, Worten und Formeln. Ich meine damit nicht ein ständiges Warten auf den Durchblick besonderer Art. Damit würden wir Gefahr laufen, unser Leben zu verwarten. Aber ich glaube, daß es ein Zusammenwirken von Umständen gibt, das außergewöhnliche Möglichkeiten bietet, und daß wir für diese Sondersituationen einen »Riecher« entwickeln können. Diese besonderen Situationen wahrzunehmen erschließt mir die Welt und verbindet mich enger mit ihr, wie es ein gefülltes Gebet tut. Ich werde lebensfähiger.

David Steindl-Rast schreibt in seinem Buch »Fülle und Nichts«: »In der Regel ist das, was uns zutiefst berührt, eine überraschend kleine Angelegenheit, ein alltägliches Ereignis, irgend etwas, das wir schon hundertmal vorher gemacht haben. Es scheint keinen besonderen Grund dafür zu geben, warum es uns beim hundertundersten Mal auf so erstaunliche Weise berühren sollte, aber es geschieht dennoch.«

Das »Ich-Bin-Wo-Ich-Bin«-Sagen

Ich beginne bei mir, indem ich sage: »Ich-Bin-Ich.« Ebenso lerne ich mehr und mehr zu sagen: »Ich bin da, wo ich bin.« Ich beginne nicht mit dem Wunsch, mich fortzuwünschen. Ich will nicht mehr mit der Illusion beginnen, woanders zu sein, wie ich auch nicht mit der Illusion beginnen will, ein anderer zu sein. Das heißt nicht, daß ich nicht ein anderer werden kann und es auch wünschen darf, sowie ich auch eine Veränderung der Umstände meines Lebens wünschen darf. Aber ich will lernen, da zu beginnen, wo ich bin. Das ist für mich ein Gebet, und ich will es tiefer und tiefer in mir artikulieren, bis es über die Worte hinaustritt und mein Wesen erfüllt. Ich beginne nicht mit einer Fiktion, sondern mit der Wirklichkeit, die mich umgibt und die ich selbst bin. Ich bejahe den Zustand, in dem ich mich befinde, zumindest als Startpunkt für alles Weitere. Viele Menschen können weder sich noch ihre Umstände verändern, weil sie nicht zugeben wollen, wo sie stehen. Sie wollen nicht die Wirklichkeit ansehen und sehen darum auch nicht die Möglichkeiten, die realistisch sind.

Ich meine, daß dies erwähnenswert ist, weil so viele Beter glauben, daß sie schon bei Antritt eines Gebetes ein anderer und eine andere sein müßten, oder daß sie die Zustände, wie sie im Augenblick bestehen, nicht mit in das Gebet einbeziehen dürfen. Das Gebet selbst wird damit schon eine Art Selbstverleugnung. Der Beter meint etwas vorgeben zu müssen, was nicht ist, und wird damit ein Rollenspieler. Das Gebet wird dann ein frommes Werk und trägt zur Selbsttäuschung bei. Anzusehen, wo ich bin und wie es um mich steht, ist ein Akt des Vertrauens, und Vertrauen ist Beten.

Martin Buber schreibt in seiner kleinen Schrift »Der Weg des Menschen nach der chassidischen Lehre«:

»Gerade da, wo wir hingestellt worden sind, und nirgendwo anders ist der Schatz zu finden. Die Umwelt, die ich als die natürliche empfinde, die Situation, die mir schicksalhaft zugeteilt ist, was mir Tag um Tag begegnet, was mich Tag um Tag anfordert, hier ist meine wesentliche Aufgabe und hier die Erfüllung des Daseins, die mir offensteht … Hier, wo wir stehen, gilt es das verborgene göttliche Leben aufleuchten zu lassen.«

Jeder Weg beginnt mit dem ersten Schritt, und der erste Schritt ist immer nur von dort aus zu machen, wo der Wanderer im Augenblick steht. Wahrzunehmen, wo ich im Augenblick stehe, ist das Gebet, auf das andere Handlungen und andere Gebete aufbauen.

Zweifeln

Für viele Christen ist der Zweifel ein gefährlicher Feind. Man darf ihm keinen Raum geben, weil man dann seinen Glauben verlieren könnte. Jeder Zweifel muß darum verdrängt werden, und der Mensch muß eine ganze Seite von sich selbst abspalten. Er darf dem nicht nachgehen, was sich in ihm auftut. Hier steht der Glaube dann gegen den Glaubenden. Es ist die Situation des geteilten Hauses.

Für mich ist Gott durch meine Zweifel nicht zu gefährden. Ich vermute, daß hinter dem Gottesbild, das ich habe, Gott mit einem viel fortgeschritteneren, erwachseneren Bild auf mich wartet. Genau durch meinen Zweifel, durch mein Hinterfragen, durch das Denken überhaupt, kann ich an dieses reifere Gottesbild gelangen. Ich wünsche Gott und sein Wirken an mir und in der Welt besser zu verstehen. Um es zu können, muß ich das Bild von ihm loslassen, das ich jetzt habe, weil es zu kurzsichtig ist. Zu zweifeln ist darum eine Funktion und Konsequenz des Wachstums. Wer wächst, zweifelt. Wer nicht zweifelt, wird auch nicht wachsen. Und wer nicht wächst, wird auch kaum zweifeln.

Ich gehe davon aus, daß ich alles Denkbare denken darf, um mich dann zwischen den Alternativen, die ich finde, zu entscheiden. Nur so ist mein Glaube eine freie Entscheidung. Wo ich den Zweifel zulasse und ihn nicht verdränge, verliert er seine versteckte Gewalt über mein Leben. Wenn ich mich selbst überfordere, indem ich etwas glaube, was ich nicht wirklich glauben kann, oder wenn ich nur aus Gehorsam glaube, was eigentlich ein Widerspruch in sich ist, dann entwürdige ich mich. Wenn ich den Zweifel integriere, wird er zu einem Teil meiner Sprache, die ich existentiell an Gott richte. Hier wird der Zweifel selbst zu einem Gebet. Ich stehe in meiner Unsicherheit vor Gott, ich wälze Probleme, ich sehe neue Zusammenhänge, ich durchschaue die Angst, aus der ich gewisse Dinge geglaubt habe, ich verwerfe, ich untersuche neu, ich denke klarer, ich leide und meine Gott dabei zu verlieren, ich kriege meinen Glauben und mein Leben nicht zusammen: Ich stehe mittendrin im Prozeß des Zweifelns und bringe mich so Gott. Das ist mein ehrliches, direktes Gebet.

Mich trauen, so zu zweifeln, ist für mich ein Ausdruck eines Vertrauens Gott gegenüber. Beten heißt für mich, mich Gott aufzutun. Das tue ich, wenn ich zu meinen Zweifeln stehe und sie nicht verheimliche. Ich weiß, daß ich Gott nicht vor meinen Zweifeln zu verschonen brauche. Mit meinen zweifelnden Gedanken, mit meinen halben Lösungen, mit meinem Unglauben mute ich mich Gott zu. Existentieller kann ich nicht beten.

Du erlebst die Flut deiner Gedanken.
Unter ihnen sind auch fremde,
die dich ängstigen.
Du erschrickst.
Manchmal sind sie fast ungeheuerlich.
Du meinst, daß niemand sie so denkt
wie du.
Sie kehren immer wieder,
du wirst sie nicht los.

Du hast sie bisher noch nicht so gedacht,
aber sie sind auch von dir,
nur kanntest du dich noch nicht so.
Nimm sie an,
es sind deine Gedanken,
die Bedeutung haben,
und lerne dich anders kennen.

Du brauchst
Gott nicht
vor dir zu retten.

Widerstehen

Oft ist nicht was wir tun, sondern das, was wir nicht tun oder nicht mit uns tun lassen, die stärkere Aussage. Widerstand zu bieten, wo wir eingeplant werden bei der Zerstörung des Lebens, ist darum für mich eine Frage des Seins und damit eine Frage des Betens. Ich habe mich für das Leben und die Erhaltung des Lebens entschieden, und da, wo etwas Konträres von mir verlangt wird, will ich mich schreibend, sprechend, denkend und handelnd widersetzen. Da, wo ich mich widersetze, bete ich. Auch hier braucht sich das Gebet nicht in Worten abzuspielen. Eine Verweigerung kann lauter sprechen als viele Worte.

Ich möchte zwei Ausdrucksformen des Widersetzens beschreiben. Ich bin ein einzelner und sehe meine Verantwortung in meinem Leben und in der Welt darin, ein einzelner zu bleiben und für mich selbst zu denken, anstatt für mich denken zu lassen. Ich verweigere mich darum jedem Für-Denken und jeder Bevormundung. Ich sehe im kollektiven Denken, im Gruppendruck, in Entscheidungen, die in Massen getroffen werden, eine Gefahr für das Leben in allen Bereichen. Wenn ich mich darum der Auflösung meines Einzelnseins widersetze, ist dies ein Auf- und Hilfeschrei, ein existentielles Gebet um Erhaltung des Lebens. Wenn ich mich nicht einordne, wenn es von mir zur Zerstörung irgendeiner Form von Leben, sei sie auch noch so klein und unscheinbar, gewünscht wird, dann ist dieser Widerstand ein Gebet zur Abwehr des Todes in seinen vielen Tarnungen.

Ich will mich in gleicher Weise auch gegen eine innere Apathie in mir wehren. Nicht zu handeln, wenn es gilt, Leben zu retten, oder etwas zuzulassen, wenn es gilt, dagegen zu handeln oder dagegen zu sprechen, ist eine Teilnahme an der Zerstörung von

Leben. In der Apathie und Gleichgültigkeit, in der Interesselosigkeit und Unlebendigkeit trage ich einen der ärgsten Feinde des Lebens direkt in mir. In dieser Haltung bin ich eine Gefahr für das Leben. Mich darum gegen mich selbst aufzulehnen, mich mir selbst zu widersetzen und mich aufzufordern, Verantwortung für mein Leben zu übernehmen, das sind darum Gebete, die ich von mir verlangen muß, wenn ich weiter zu meiner Entscheidung, Leben zu fördern, stehen will. Ich richte mich mit meinem Widersetzen an die Welt um mich, aber ich sage auch Gott etwas damit. Ich bekunde, daß ich mir meiner Berufung als Mitschöpfer und Lebensförderer bewußt bin.

Ich vermute, daß gerade diese Form von Gebet in unserer Zeit immer wichtiger werden wird, weil immer mehr über uns verfügt wird, ohne daß wir es merken. Wir sind den Institutionen und Manipulierern bekannt und können darum verplant und hochgerechnet werden. Unsere Ansichten und Vorlieben, unsere Kauf- und Arbeitskraft sind in Computern gespeichert; mit uns kann gerechnet werden, wenn wir uns nicht widersetzen und immer wieder neu bekunden, daß wir noch lebendig und damit veränderbar sind und uns auch verändern und melden. In einer Welt der Anpassung ist dies das revolutionäre Gebet, das herausfordert und nicht einfach mit der Masse schwimmt und sinkt. Das Gebet hat Zähne, weil es nicht nur aus Worten besteht, sondern die Existenz des so Betenden mit aufs Spiel setzt.

Ich bete, indem ich mich nicht unterordne, Menschen nicht gehorsam bin, mich nicht in ein Kollektiv flüchte, meine Apathie aufspüre und mich ihr widersetze. Ich bete, indem ich innerlich aufstehe, Verantwortung für mein Leben übernehme, mich informiere und selbst denke, nicht über mich verfügen lasse, frei bleibe und nicht käuflich werde.

Widerstand ist nicht mit Unlust, nicht mit Die-eigene-Meinung-unbedingt-durchdrücken-Wollen zu verwechseln. Es geht um mehr. Ich stehe ein für die Interessen des Lebens und widerstehe den Interessen des Todes. Ich bin biophil und nicht nekrophil. Und wenn es als pubertäre Rebellion ausgelegt wird, um den Widerstand lächerlich zu machen, dann durchschaue ich diesen Trick und bleibe weiter auf der Seite des Lebens. Mit dem Tod ist kein Bund zu machen, und sich von Todesinteressierten beurteilen zu lassen, das scheint mir auch sehr wenig sinnvoll zu sein.

Ich kann so handeln, weil ich mir meiner hohen Berufung bewußt bin. Ich bin ein Freund Gottes, nur »wenig niedriger als Gott selbst«, wie der Psalmist schreibt. Ich bin einmalig, mein Beitrag ist einmalig und von niemandem zu leisten.

Kaum etwas ist so beredt wie der stumme Widerstand, kaum ein Mensch so überzeugend wie der, der bereit ist, konsequent für das zu leben, was er mit seinem Wesen begriffen hat. Für mich gibt es kein besseres Beispiel dafür als das Leben Jesu.

Es ist dir,
als wenn du dich
nicht sehen kannst,
wenn er vor dir steht,
mit seiner überwältigenden Meinung.

Du fühlst dich
erstaunlich klein und abwesend
und mußt dich suchen,
wenn du etwas sagen willst.

Aber du kannst aufstehen
und einen entschiedenen Schritt tun.
Du mußt nicht weglaufen,
du kannst sagen:
Ich bin hier!
Aber du mußt es
dir selbst glauben.

Auf dich zu stoßen
kann heißen,
auf etwas Festes zu stoßen,
weil du da bist,
erkennbar, beschreibbar, achtbar.

Aber es beginnt bei dir.
Dein Gebet ist es, aufzustehen.

Etwas wollen

Im Markusevangelium wird von dem blinden Bartimäus berichtet, der soviel Unruhe stiftet, daß Jesus ihn zu sich bringen läßt und ihn fragt: »Was willst du, daß ich dir tun soll?« Und er antwortet: »Rabbuni, daß ich sehend werde.« Darauf sagt Jesus zu ihm: »Dein Glaube hat dir geholfen.« Und er sieht.

Dies ist eine sehr kurze Geschichte, aber sie trägt eine Weisheit in sich, über die ich immer wieder staune. Einen Blinden zu fragen, was er will, ist doch schon fast, sich über ihn lächerlich zu machen. Oder nicht? Sicherlich nicht. Der Wille des Blinden wird angesprochen. Er muß wissen, was er will, und dann auch bereit sein, es wirklich zu formulieren.

Ich glaube, daß sein Gebet schon lange vor der Formulierung bestanden hat. Er wollte etwas mit seinem ganzen Wesen. Die Formulierung war nur noch die letzte konzentrierte Form seines inneren Gebets, seines inneren Wunsches. Sein Wille war schon lange vorher auf sein Heil ausgerichtet.

Ich weiß, daß mein Wille, meine Wünsche, meine Entschiedenheit mich formen und mir ein Profil geben. Was ich mit meinem tiefinneren Wesen wünsche, das wird mich bestimmen, wird meinem Leben Gestalt geben. Wenn ich an meinem Willen arbeite, wenn ich versuche herauszufinden, was ich wirklich will, dann bete ich bereits. Mein Leben ist mir nicht mehr gleichgültig, ich suche nach meinem Platz in der Welt, in den Beziehungen, in denen ich stehe. Ich werde hellhöriger für die Stimmen, die wichtig für mich sind. Ich versuche Gottes Stimme zu hören oder sein Schweigen zu verstehen, um meinem Wollen einen Kontext zu geben. Das alles ist der Prozeß der Willensfindung, um auf das Angebot mit meinem ganzen Wesen sagen zu können: Das wünsche ich mir! Nicht erst der Wunsch ist das Gebet, sondern der Findungsprozeß vorher gehört zum Beten dazu.

Ich sehe darum die stillen Zeiten der Meditation, in denen ich mich auf mich konzentriere, auf das Puzzle, das mein Leben darstellt, als Gebetszeiten. Jede Entscheidung, die ich bewußt treffe, ist eine Konzentrationsübung, wie sich Bartimäus auf Jesus konzentrierte, um seinen Herzenswunsch zu formulieren. Jede Wahl ist wie ein Anruf an Gott, mir beizustehen bei dem, was ich vorhabe, oder mir einen besseren Weg deutlich zu machen. Jedes Wollen enthält etwas von der Unsicherheit, die zu jeder Verantwortung gehört.

Ich glaube, daß der Wille das besondere Geschenk Gottes an den Menschen ist, weil wir durch den Willen unser Leben formen und kreativ mit ihm umgehen können. Es ist darum für mich zentral, daß ich meinen Willen weder abgebe (auch nicht an Gott, als hätte er mich nicht begabt, mit diesem Willen umzugehen) noch diesen Willen ausklammere aus meinem Leben mit Gott und der Welt um mich, als wäre der Wille nur böse und als könnte ich ihm nicht vertrauen. Vom Willen her entscheidet sich die Gestalt unseres Lebens, auch unseres Lebens mit Gott. Ich möchte meinen Willen so klar sehen wie Bartimäus, der als Resultat dieser Klarheit sehend wurde. Beten heißt für mich sehend werden.

Träumen

Ich habe bisher viel über bewußte Handlungen gesprochen, weil diese uns leichter zugänglich sind und wir sie auch bestimmen und verändern können. Aber Beten nur als eine bewußte Handlung zu verstehen, das ist mir zu wenig. In mir lebt eine ganze Welt, die mich prägt und bestimmt – das Unbewußte. Wenn ich mich zum Schlafen hinlege, wird diese Welt zu meiner eigentlichen Welt – ich beginne zu träumen. Ich verstehe meine Träume, auch wenn sie nur Splitter sind und ich mich manchmal kaum noch an sie erinnern kann, als die Sprache meiner Seele und meines Geistes, als die Sprache meines Inneren. Es ist eine Bildersprache, die versucht, mich auf Verbindungen, Probleme und Lösungen in meinem Leben hinzuweisen. Gerade weil sie unbewußt ist und nicht so leicht zu steuern wie die bewußte Sprache, ist sie besonders wertvoll.

Ich verstehe das Träumen als »Gebet des Suchens nach Integration«, nach Heilheit. Wie oft sind wichtige Einsichten schon durch Träume gekommen. Die Bibel kennt eine Fülle von Geschichten, in denen Menschen durch ihre Träume heiler geworden sind oder ihren Weg klarer erkannten, weil sie ihr Leben besser verstehen lernten. Für sie war der Traum ganz eindeutig die Ansprache Gottes in ihrem Leben. Ich sehe darum den Traum nicht nur als einen Mechanismus zur Verarbeitung von Problemen, die sich im Laufe des Tages angesammelt haben, sondern der Traum kann auch die Verbindung zu einer überindividuellen Weisheit knüpfen, ob ich diese nun eine tiefere Schicht des Unbewußten nenne oder von der Stimme Gottes spreche. Wichtig ist für mich, daß ich auch mein Träumen als Beten verstehe.

In den letzten Jahrhunderten hat sich die westliche Welt so auf das Bewußte, auf den Fortschritt in der

Forschung, auf die greifbare Entwicklung allgemein, konzentriert, daß das Unbewußte oft zu kurz gekommen ist. Es ist kein Wunder, daß wir Träume nicht ernst nehmen und sie als Schäume bezeichnen. C. G. Jung hat versucht, dem Traum wieder einen wichtigeren Platz in unserem Leben zu geben. Er schreibt: »Wir sind von unserem subjektiven Handeln so gefangen und eingewickelt, daß wir die jahrhundertealte Tatsache vergessen haben, daß Gott hauptsächlich in Träumen und Visionen spricht. Immer noch behaupten wir, nur Bewußtsein sei sinnvoll, das Unbewußte dagegen sei Unsinn.«

Den Kontext herstellen

Alles beginnt mit der Wahrnehmung: die Dankbarkeit, die Veränderung, die Liebe. Das bewußte Leben ist das betende Leben. Der bewußte Mensch ist der betende Mensch. Wenn wir diese Sätze annehmen, wird aus dem verbalen Beten mehr und mehr das wahrnehmende Beten.

Zwei Begriffe, die das für mich ausdrücken: offene Konzentration und konzentrierte Offenheit. Es geht hier um zwei scheinbar entgegengesetzte Bewegungen, aber sie gehören zusammen und müssen zusammenbleiben, wenn nicht jede von ihnen zu einer unguten Verengung führen soll. So konzentriert sein, daß ich dabei offen bleibe für das, was noch wahrgenommen werden kann, was vielleicht noch zu dem gehört, was ich gerade in Konzentration betrachte. Oder eine Offenheit praktizieren, die sich noch nicht festgelegt hat, die aber nicht gleichgültig, sondern konzentriert ist, die also einen Fokus, eine Mitte hat. Es ist die gleiche Haltung, die das einzelne sehen kann und dabei doch nicht den Kontext auf lange Zeit aus den Augen verliert.

Für mich ist darum Beten: wahrnehmen und in den Kontext stellen. Ich nehme einen Freund, der arbeitslos ist, wahr und stelle ihn in den Kontext der ganzen Arbeitslage und in den Kontext seiner eigenen Entwicklung (wie ich sie ganz persönlich verstehe). Zu dem Kontext gehört auch Gott und sein Wunsch, uns volles, echtes Leben zu vermitteln. Ich versuche also die Arbeitslosigkeit, den Arbeitsmarkt, die Entwicklung des Freundes, meinen möglichen Beitrag und Gottes Möglichkeiten wahrzunehmen. Dieses Zusammen-Denken, dieses Die-Dinge-zueinander-in-Beziehung-Stellen ist mein Beten.

Ich weiß nicht, ob es gut ist für meinen Freund,

wenn er die Arbeit bekommt, für die er sich gerade beworben hat, oder ob jemand anders, der vielleicht genauso intensiv dafür betet, sie noch nötiger braucht. Ich weiß auch nicht, ob es für meinen Freund gerade in seiner Entwicklung wichtig wäre, noch weiter arbeitslos zu bleiben, um an einen ganz wesentlichen Punkt seines Charakters zu stoßen, der ihn reifen lassen würde und so wirklich arbeitsfähig und arbeitswillig machen würde. Ich weiß nicht, ob Gott sich das Leben meines Freundes noch ganz anders vorstellt und diese Arbeitslosigkeit genau der notwendige Prozeß ist, der ihn offen machen würde für diese Veränderung in seinem Leben. Und weil ich das alles nicht weiß und mir dann bei meinen Verbalisierungen seltsam vorkomme, weil ich etwas bete, von dem ich nicht wirklich überzeugt bin, und außerdem weiß, daß Gott unsere Nöte schon längst kennt, darum finde ich zunehmend weniger zum spezifischen Bitten. (Ich drücke das hier sehr vereinfacht aus, damit es griffiger wird, aber dahinter steht für mich die grundsätzlichere Frage nach der Vorbestimmung, nach dem Plan für das menschliche Leben und unserer Fähigkeit, diesen Plan zu verändern. Ich glaube letztlich nicht, daß Gott einen festen Plan für das Leben eines Menschen hat, sondern daß er nur will, daß der Mensch zu wirklichem Leben findet. Es liegt also an dem Menschen selbst, sein Leben in die Hand zu nehmen und es sinnvoll zu leben.)

Es geht mir um eine ständige Gegenwart Gottes im Leben. Diese Gegenwart wird nicht automatisch hergestellt, indem ich Gott anrede oder durch eine Formel herbeizitiere. Für mich ist es eine Einstellungssache, eine Haltung des Glaubens, daß Gott tatsächlich mit allem verbunden ist. Diese Verbindung versuche ich denkbar und greifbar herzustellen, indem ich immer wieder alles zueinander in Beziehung setze.

Ruhen

Wie oft haben wir das Schlafen als Gegensatz zum Beten gesehen. Ich möchte das Ruhen, das Schlafen, das Loslassen als »Gebet des Vertrauens« bezeichnen. Ich rede hier nicht von dem Schlafen, das eine Flucht ist, ein Sich-Davonmachen: resignieren und in den Schlaf ausweichen, um dem Leben nicht mehr zu begegnen. Als Jesus seine Jünger bittet, mit ihm zu beten, findet er sie schlafend wieder. Die Resignation und die Trauer haben sie einschlafen lassen. Jesus fühlt sich von ihnen verlassen, gerade dann, wenn er sie gebraucht hätte. Das ist nicht die Ruhe, die ich meine.

Ich rede von einem vertrauenden Ruhen und Schlafen. Wir engagieren uns, wir leisten unser Bestes, wir setzen uns ein – das ist die eine Seite. Dann kommt die andere – wir müssen das Geleistete loslassen, es werden lassen. Ein Bauer sät, und dann legt er sich schlafen. Er weiß, daß er seinen Teil getan hat. Er muß warten, bis die Saat aufgeht. Es hat keinen Zweck, daß er sich den Kopf zerbricht und seinen Schlaf opfert. Die Saat wird ohne sein weiteres Dazutun aufgehen. Dann ist er wieder gefordert. Es ist eine Frage des Rhythmus. Tun und ruhen, arbeiten und schlafen. Das Schlafen oder Ruhen ist aktives Vertrauen. Ich bekunde damit, daß ich glaube, daß meine Leistung in einem größeren Zusammenhang steht. Glaubend kann ich die Hände in den Schoß legen. Es hängt nicht alles von mir ab.

Die Kunst des Nichtstuns, vielleicht sogar des Faulenzens, haben wir verlernt. Mit unserer Überaktivität drücken wir unseren Unglauben aus. Ich bekunde damit, daß ich Gott nicht zutraue, daß er seinen Teil zu meiner Arbeit tut. Ich finde immer noch etwas, was getan werden muß, meine Arbeit ist nie fertig. Es ist eine große Lebenskunst, den rechten Moment für das Ruhen zu wissen. Zu früh aufzuhören ist eine Form von Faulheit, zu spät aufzuhören ist ein Ausdruck von Unglauben. Den richtigen Moment zu erfassen, zu tun und dann nicht mehr zu tun, ist dem reifen Menschen gegeben. Bei der Hochzeit zu Kana läßt sich Jesus auch nicht von seiner Mutter in eine Unruhe drängen. Er hat ein Gespür für den richtigen Moment. Das Ruhen vor und nach seinem Wunder ist ein Gebet.

Ich kenne das Empfinden des erfüllten Ruhens nach einem vollen Arbeitstag und spüre dann, daß der Rhythmus richtig ist. Wenn ich mich dann hinlege und schlafe, schlafe ich meistens gut, weil ich alles abgebe. Der Schlaf ist das Gebet des Vertrauens. Ich spüre dann häufig nicht mehr das Bedürfnis, noch etwas zu formulieren – das Abschalten und Hinlegen selbst ist das Gebet. Ich lasse mich und meine Taten los. Ich ruhe in Gott und in dem Getanen.

Ich glaube, daß wir dann eine Gelassenheit ausstrahlen, die heilend auf andere wirkt. Ein Lyriker im Alten Testament hat es so ausgedrückt: Seinen Freunden gibt Gott es im Schlaf. Sie schaffen ein Gegengewicht zu der Hektik des Lebens. Das Ruhen ist also nicht nur etwas, was zwischen dem Beter und Gott abläuft, sondern auch hier wirkt das Gebet, das Ruhegebet, hinein in das Leben.

Berühren und sich berühren lassen

Der Besucher einer Ausstellung mit Steinskulpturen oder Bronzen hat das Bedürfnis, die Skulpturen zu berühren. Er läßt seine Hand über den Kopf einer Bettlerfigur gleiten, er folgt einer Rundung mit der Hand, er fühlt die Textur, die Oberfläche des Materials. Er würdigt durch seine Hand, durch seine Nerven, durch sein Tastgefühl. Er nimmt wahr, er nimmt auf. Er erkennt. Er erkennt sich selbst ein Stück wieder in den Gestalten, Formen und Oberflächen.

Berühren ist ein Akt der Anbetung, der Wertschätzung. Die blutflüssige Frau im Neuen Testament wollte Jesu Gewand nur berühren. Für sie war die Berührung ein heiliger Akt, von dem sie sich eine Lebensveränderung versprach. So wie sie Jesus berührte, so voller Erwartung, so inbrünstig, war es Gebet. Für sie war das Berühren ein existentielles Gebet. Durch ihre ständigen Blutungen war sie ein Leben lang unrein. Sie mußte andere meiden und wurde gemieden. Sie war ausgestoßen. Aus diesem Zustand wünschte sie sich Erlösung. Das war ihr Gebet. Ich vermute, daß die Erhörung ihres Berührungsgebetes nicht nur von der Wundertätigkeit Jesu abhängig war, sondern daß sie gerade durch ihre handgreifliche Art zu beten geheilt wurde. Ihre Not hat zu ihrer Heilung beigetragen. Ihr Gebet geschah nicht in Worten, sondern im Sein. Und das Sein drückte sie am besten im Berühren aus.

Das gegenseitige Berühren, das sich zwei Liebende schenken, ist etwas sehr Kostbares, ohne das sie kaum leben wollen. Durch die Berührung vermitteln sie einander das, was sie tief in sich spüren. Die Hand, die Lippen, die Haut werden zu Trägern von inneren Botschaften. Der Körper führt aus, was die Seele oder der Geist ausdrücken möchte.

Das Christentum, andere Religionen sowie auch die

Medizin kennen die Praxis des Handauflegens. Auch hier wird durch die Berührung etwas vermittelt. Der Handauflegende mag der Priester sein, der stellvertretend für Gott einem Kranken wohltut oder einen Menschen segnet. In Nordamerika sprach man schon vor Jahren von »therapeutic touch«, also von »therapeutischer Berührung«. Inzwischen gehört es an manchen Instituten zur Ausbildung von Krankenschwestern dazu. Es ist hier, wie bei jedem Gebet, das über die Worte hinausgeht, ein Mysterium spürbar. Wir wissen nicht genau, was heilend wirkt. Wir können es ein Wunder, eine Wunderheilung oder Heilung durch Entspannung nennen, aber was genau geschieht, ist mit unserem jetzigen Wissen kaum zu beschreiben. Wir sehen nur die Resultate.

Beten ist Energie freisetzen. Hier wird mit den Händen gebetet und mit den Händen heilende Energie freigesetzt. Beide, der Berührende und der Berührte, fühlen diese Energie. Es geht auch hier gerade um das Non-Verbale. Worte sind oft störend und verhindern die Konzentration auf die Berührung und das, was durch Hände und Haut zu fließen beginnt.

Das Wort »Streicheleinheit« gehört zu unserem Wortschatz. Manche behaupten, man brauche eine gewisse Menge Streicheleinheiten, um zu überleben, und die doppelte Menge, um aufzublühen und zu gedeihen. Wir lächeln darüber, ahnen aber vielleicht auch oder spüren es sogar an uns selbst, wie wahr es ist. Der deutsche Dichter Novalis, Texter des Kirchenliedes »Wenn ich ihn nur habe«, schreibt in seinen philosophischen Schriften: »Es gibt nur *einen* Tempel in der Welt, und das ist der menschliche Körper. Nichts ist heiliger als diese hohe Gestalt. Man berührt den Himmel, wenn man einen Menschenleib betastet.« Hier wird der Körper ganz direkt als der Tempel Gottes verstanden, und die Berührung ist dann das Gebet.

Ich glaube, wenn ich einen Menschen berühre, bewußt und überlegt berühre, wenn ich in meiner Hand oder Haut wirklich gegenwärtig bin und wenn ich dazu »die Gegenwart Gottes denke«, stelle ich ein Kräfte-Dreieck her, in dem Lebensenergie zum Fließen kommen kann. Dieser Energiefluß verändert meine Welt und meine Beziehungen zur Welt und zu den Mitmenschen.

Ich glaube, daß es zunehmend mehr Menschen gibt, die so etwas wie einen »Glauben der Haut« brauchen, die nur noch auf dieser Ebene direkt erleben können. Ihr Verstand und ihre Emotionen sind zu lange mißbraucht worden. Sie haben versucht, etwas mit dem Kopf zu begreifen, haben sich so vielen Meinungen und Stimmen ausgesetzt, sind reingelegt worden, haben wieder neu geglaubt, neu gedacht und sind nun kopfmüde geworden. Aber nicht nur müde, sondern auch unfähig, über den Kopf noch wirklich etwas aufnehmen und glauben zu können. Sie brauchen die Berührung, aber nicht nur die Berührung der Haut, die bei der Haut stehenbleibt, sondern eben die Berührung, die über die Haut hinaus zur Seele und zum Geist reicht, weil sie auch in der Seele und im Geist des Berührenden begonnen hat. Wenn Paul Tillich einmal gesagt hat, daß Glauben das ist, was mich unbedingt angeht, dann trifft das auch hier zu: Berührung geht mich direkt und unmittelbar an. Ich spüre sie und muß sie nicht erst übersetzen, besonders da nicht, wo sie in einem Kontext geschieht. Ich glaube, daß es zu Gottes wunderbarsten Erfindungen gehört, den Menschen Haut gegeben zu haben, damit wir über diesen Weg eine so direkte Zuwendung üben können.

Es geht auch hier wieder darum, die Handlung selbst als Beten zu verstehen. Sie ist komplett in sich und muß nicht mit einem Gebet begleitet werden, um sinnvoll zu sein.

Jeder Quadratzentimeter Haut
an deinem Körper
bietet Möglichkeit der Kontaktaufnahme.
Die Nervenenden nehmen die Berührung auf,
leiten sie weiter
an die Seele und den Geist,
wo sie übersetzt werden
in Zuwendung und Würdigung.

Kannst du glauben,
daß Gott dich berühren will
und dazu die Haut
eines anderen Menschen benutzt?
Dann wäre dein Stillhalten
oder deine Antwort
mit deiner Haut
ein Gebet.

Einander ansehen

Eng verwandt mit dem Berühren ist das gegenseitige Ansehen. Es ist eine Art Berührung mit den Augen. In unserer Sprache haben wir Ausdrücke wie »sprechende Augen« oder »seelenvolle Augen«. Jesus sagt: »Das Auge ist das Licht des Körpers.« Wenn wir einem Menschen begegnen, sind wir meistens zu den Augen hingezogen und haben erst dann das Empfinden, dem anderen begegnet zu sein, wenn wir ihm in die Augen gesehen haben. Die Augen sind ein Spiegel der Seele, sie sind Träger der inneren Wirklichkeit.

Wir können unsere Augen einem anderen Menschen gegenüber verschließen oder ihn durch unsere Augen in uns einlassen. Die Augen sind Blockaden oder Türen. Sie können ermuntern oder niederdrücken, sie können verachten oder aufbauen. Die Augen sind Waffen (der vernichtende Blick) oder Friedensstifter (der auftuende Blick).

Wenn ich einen Menschen so ansehe, daß er ermutigt wird zu leben, er selbst zu sein, dann bete ich. Ich stelle den anderen in die Gegenwart Gottes, in den Fluß des Lebens. Ich erinnere ihn an sein Potential. Ich stelle mich zu ihm, neben ihn, ich bin mit ihm, und wo zwei so miteinander sind, da ist Gott mitten unter ihnen.

Es geht hier nicht um ein gewisses Stellen der Augen, nicht um ein Augenlächeln aus Routine, um ein bestimmtes Ziel zu erreichen, nicht um Manipulierung, sondern um den Ausdruck meiner inneren Stellung zum anderen. Die Augen sind Spiegel der Seele und des Geistes. Ich setze meine Augen lediglich ein, um das deutlich zu machen, was in mir ist, dem anderen gegenüber. Es ist kein Trick, der gelernt werden kann.

Weil wir unsere Augen so vernachlässigen, wollte

ich ihnen in diesem Buch eine ganze Seite widmen. Wir sind nicht in unseren Augen, wir bewohnen sie oft nicht, wir stellen unsere Augen nicht scharf auf den anderen ein. Wir sehen an ihm vorbei, wir übersehen ihn. Der Kontakt wird nicht hergestellt, die Solidarität mit dem anderen erfolgt nicht. Jeder bleibt allein.

Durch das Ansehen und Angesehen-Werden, durch das Augengebet, werden wir lebensfähiger, weil es eine Verbindung herstellt, die wir so nötig gebrauchen. Wir hängen innerlich zusammen, wir sind Glieder an einem Leib, wir sind Organe eines Organismus. Unsere innere Verwandtschaft ist nicht zufällig. So wie durch die Berührung, so können wir auch durch die Augen dem anderen Menschen die Gegenwart Gottes spiegeln. Wo wir uns einander liebend zuwenden, und das mag auch das kritische Besehen, das herausfordernde Betrachten einschließen, da ist Gott gegenwärtig. Er muß nicht erst herbeiverbalisiert werden. Er ist bereits da, ob wir es wissen oder nicht.

Im echten Ansehen sehen wir uns auch immer selbst ein Stück. Das sich nicht verschließende oder versteckende Auge trifft im Auge des anderen auch sich selbst. Sehen und Gesehen-Werden sind eins. Darum führt das wirkliche Ansehen auch zur Selbsterkenntnis. Ich gehe im Ansehen nicht nur aus mir heraus, sondern auch in mich hinein. Und wieder geschieht das, was für mich zentral bei einem Gebet ist: Ich komme mir, dem anderen und Gott näher. Daraus wächst für mich eine größere Lebensfähigkeit.

Wenn du mich ansiehst,
spüre ich dich beten,
aber du betest nicht zu mir.
Wenn ich dich ansehe,
bildet sich in mir das Gebet,
aber ich bete dich nicht an.

Wenn wir uns beide gegenwärtig machen,
kommt Gott zu uns
und bringt die Welt mit.
In unserer Begegnung
sind wir nicht allein,
wenn wir allein sind.

Wenn ich dich meine,
meine ich auch die,
die hinter dir stehen.
Wenn du dich mit mir einläßt,
nimmst du es mit einer ganzen Welt auf.

Sehnsucht

Sehnsucht ist eine starke Emotion und Kraft. Sie befähigt uns, vieles durchzuhalten, um unsere Vorstellungen zu erreichen. Ich verstehe die Sehnsucht als Beten, weil sie ein Ausstrecken nach Sinn ist. Weil unsere Sehnsucht oft fast unbewußt ist, können wir sie manchmal nur schwer artikulieren. Sie ist eine Art Beten aus den tieferen Schichten unserer Person, ein Wünschen mit dem Kern unseres Wesens. Wenn wir unserer Sehnsucht nachgehen, kann sie uns helfen, an unseren tiefen Willen zu gelangen, so daß wir bewußter wahrnehmen, was wir wirklich wollen.

Ich glaube, daß letztlich alle Sehnsucht eine Sehnsucht nach Gott, nach dem Sinngeber des Lebens, ist. Die eigene Sehnsucht bewußt zu erleben, das heißt darum für mich, mich nach Gott auszustrecken. Unsere Sehnsucht mag zeitweilig im Vorfeld steckenbleiben, mag unreif und sentimental sein, aber dahinter ist der Wunsch nach Vollkommenheit, Erfüllung, nach dem Begreifen der Zusammenhänge. Wenn wir unsere Sehnsucht immer wieder neu ansehen, sie von ihrer Oberflächlichkeit reinigen, wenn wir verstehen, was sie uns als fehlend in unserem Leben andeuten will, und wenn wir sie ernst nehmen, kann sie uns zu einem kostbaren inneren Lehrer werden.

Ähnlich wie die Leere öffnet die Sehnsucht unsere Augen für das, was noch werden kann. Sie ist visionär und läßt sich nicht binden an vorläufige Grenzen. Beten heißt, visionär zu sein, etwas glauben und hoffen zu können.

Mal kommt sie still,
dann wieder stürmisch.
Sie durchzieht dich wie eine Welle,
oder sie klopft vorsichtig an.
Sie malt die Bilder, die dich anspornen,
aber fast unerreichbar sind,
und doch willst du zu ihnen gelangen.

Sie macht dir angst in ihrer Wildheit,
und doch spürst du gerade dann
dein Lebendigsein.

Sie weckt dich auf,
wenn du dich arrangiert hast.
Sie erinnert dich an deine Ziele.
Sie kann drängen und warten.
Sie gibt nicht auf. Sie kann fliegen.

Sie ist Zeichen und Hoffnung,
tiefer Grundton und Schmerz.
Ihre Energie holt dich heraus
aus der Gewöhnung,
in der du sonst grau in grau untergingst.

Sie ist die Stärke deiner Suche.
Sie ist die Stimme in den Stimmen in dir.
Sie ist das Gebet hinter jedem Gebet.
Sie gibt dir Ausdauer und Mut,
sie hat den Weitblick
und weiß, was noch in dir steckt.

... die Sehnsucht,
Partnerin in deiner Entwicklung.

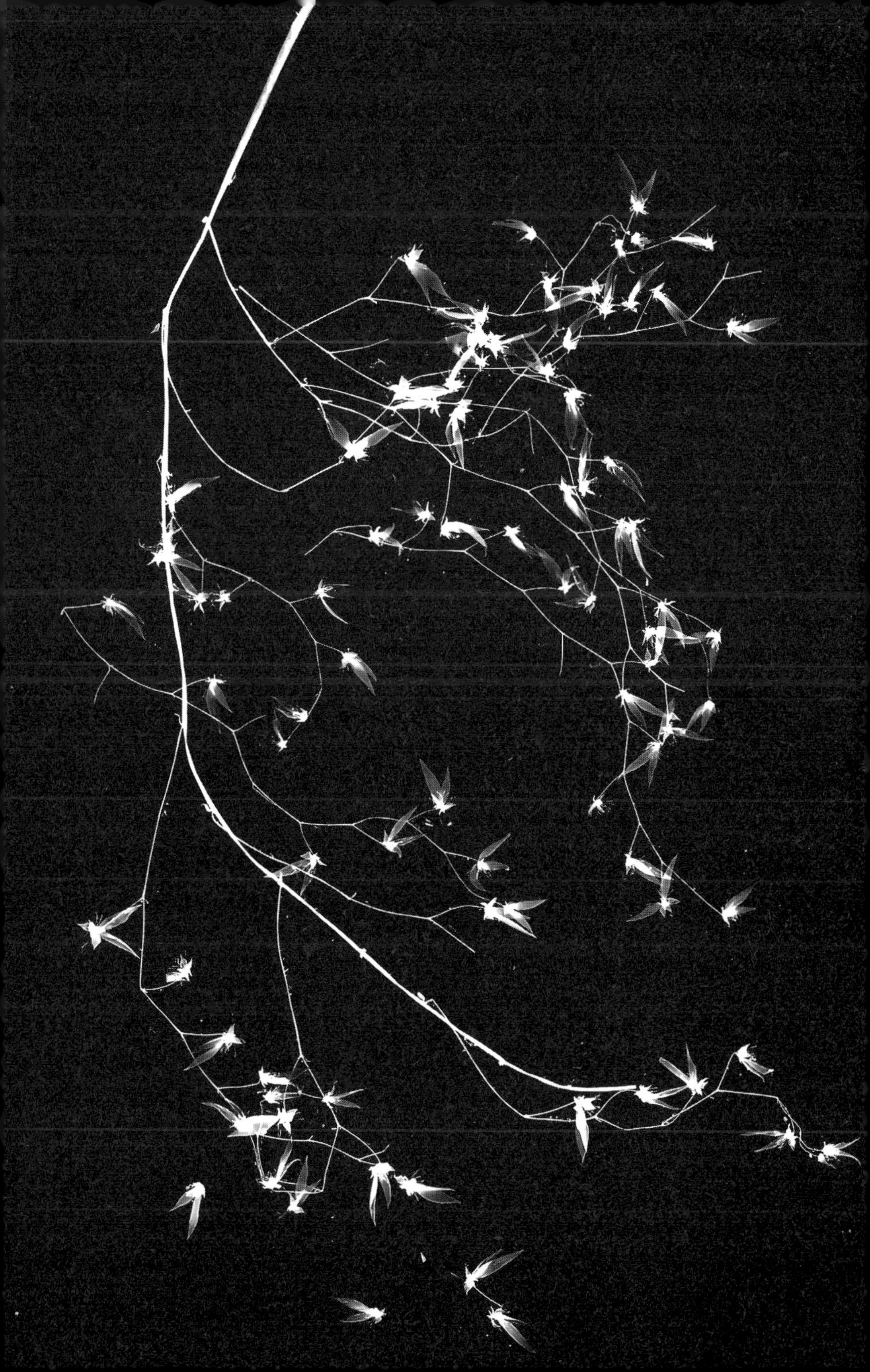

Leiden

Kaum etwas holt uns so aus der Zerstreuung zurück in die Konzentration wie das Leiden. Im Leiden kommen wir zu uns selbst. Unser Erleben wird identisch mit uns selbst. Im Leiden bleiben wir nicht theoretisch, sondern werden existentiell. Dieses Ausgerichtetsein ist das Gebet. Das *Wesen* des Leidenden wird zu einem Gebet. Was heißt das?

Ich will in diesen kurzen Ausführungen nicht den Versuch machen, Ursprung und Sinn des Leidens zu besprechen. Das ist ein sehr, sehr großes Feld. Ich will nur versuchen, unser Leiden in verschiedenen Bereichen unseres Lebens als Gebet zu verstehen. Ich will damit weder das Leid zudecken noch es als gottgewollt oder vermeidbar sehen. Das sind andere Fragen. Mir geht es hier darum, zu verstehen, daß mein Leid spricht, daß mein Leiden selbst schon eine Gebetssprache ist, wenn auch ohne Worte.

Wir leiden auf verschiedenen Ebenen. Ich will nur einige andeuten. Das körperliche Leid ist in den meisten Fällen am faßbarsten. Kaum ein Mensch bleibt verschont. Von den leichtesten Kopfschmerzen bis hin zu den Todesschmerzen von Krankheiten in ihren letzten Stadien gibt es eine unüberschaubare Vielzahl von Schmerzen, die wiederum eine Vielzahl von Reaktionen auslösen können. Dadurch, daß die Medizin große Fortschritte gemacht hat, leiden wir einerseits körperlich weniger. Es gibt Abhilfe für viele Krankheiten. Andererseits wissen wir durch die Medien sehr viel über Krankheit, und darum ist sie für viele Menschen ständig gegenwärtig. Es mag darum körperlich weniger gelitten werden, aber die seelische Auseinandersetzung mit möglichen Krankheiten scheint zugenommen zu haben. Bei vielen Krankheiten ist der Körper nicht von der Seele des Leidenden zu trennen. Die

Psychosomatik lehrt uns, daß die meisten körperlichen Leiden ein Ausdruck seelischen Leidens sind. Den Körper zu heilen heißt darum noch nicht unbedingt, gesund zu werden.

Hier geschieht also Leid auf der seelischen Ebene. Es mag sich um Verletzungen aus der frühen Kindheit handeln, die erst jetzt bei dem Erwachsenen zu einer Lebensbehinderung werden. Oder wir leiden an einer Sinnentleerung in unserem Leben. Wir haben nicht mehr die Energie, unsere Handlungen mit Sinn zu füllen. Das Gefühl der Zufälligkeit aller Dinge läßt uns seelisch leiden. Oder wir leiden an Vereinsamung trotz der großen Bevölkerungsdichte und der Unzahl an Einrichtungen, die uns helfen wollen, die schmerzhafte Einsamkeit zu überwinden. Das Bewußtsein, ich bin ein einzelner, ich bin allein, wird für manche Menschen eine fast unerträgliche Last. Im christlichen Bereich wird auch viel an der eigenen Unzulänglichkeit gelitten. Ich bin nicht ausreichend, ich erfülle nicht, was Gott von mir erhofft, ich bin sündig. Hier wird deutlich, daß auch die Grenze zwischen dem seelischen und geistigen oder geistlichen Leid fließend ist. Der Mensch leidet an Gott oder an seinem Bild von Gott.

Immer mehr Menschen leiden auch am Zustand der Welt. Die Frage der Aufrüstung und die damit verbundene Frage, was überhaupt noch Sinn hat angesichts dieses Wahnsinns, bewegt viele. Die ökologischen Fragen lassen die Überlegungen nach Lebensqualität laut werden. Rassenhaß scheint in den letzten Jahren wieder zuzunehmen und wird für die Gehaßten und Verachteten zum Ursprung tiefen Leidens, aber auch für die, die eine echte Bruderschaft auf der Welt anstreben und dabei feststellen, wie weit ihr Traum noch weg ist.

Es gibt das Leiden im Augenblick, den stechenden Schmerz, den plötzlichen Verlust von Geborgenheit, den Verlust eines geliebten Menschen, das nicht erhörte Gebet. Aber es gibt auch das Leiden, das wie ein Grundton das ganze Leben durchzieht. Eine psychologische Grundstruktur scheint es einem Menschen unmöglich zu machen, anderen auf längere Zeit nahe zu sein. Einer Familie oder ganzen Sippe scheint es unmöglich zu sein, der Armut zu entkommen. Ein hämmerndes, inneres Fragen nimmt einem Menschen immer wieder jede Geborgenheit und treibt ihn fast in den Wahnsinn. Ein Mensch erlebt das Gefälle zwischen der ersten und dritten Welt als körperlich schmerzhaft und sieht doch keine Möglichkeit, in kurzer Zeit Veränderungen bewirken zu können. Zwei Menschen spüren die tiefe Unmöglichkeit, so zueinanderzufinden, wie sie es sich immer erträumt haben, sind aber auch unfähig und vielleicht unwillig, diesen Traum aufzugeben. Das sind Zustände des Leidens an der Unvollkommenheit der Welt und des Menschen, die ein ganzes Leben zutiefst bestimmen.

Es gibt verschiedene Möglichkeiten, mit diesem Leid umzugehen. Wir können es übersehen, so tun, als ob es nicht existiert. Diese Abwehrreaktion geschieht meistens, bevor das Leid wirklich bewußt erlebt wird. Wir lassen es in uns erst gar nicht deutlich werden. Im körperlichen Bereich wird das am deutlichsten: Eine Tablette läßt die Kopfschmerzen erst gar nicht stark werden.

Es gibt auch das Verdrängen, nachdem das Leid uns bewußt geworden ist. Im seelischen Bereich läßt sich das mit Ablenkung, Überarbeitung und Umdeutung machen. Wo ich darunter leide, daß eine tiefe Beziehung in die Brüche gegangen ist, kann ich mich in oberflächliche, vordergründige Beziehungen stürzen und so den Verlust verdrängen. Wir können uns in alle möglichen Arbeiten begeben, so daß wir gar keine Zeit mehr haben, unser seelisches Leiden wahrzunehmen.

Im geistigen/geistlichen Bereich gibt es immer die Möglichkeit, alles in ein System einzupassen und so der direkten und existentiellen Bedrohung durch das Leid zu entkommen. Wir können eine Weltanschauung entwickeln, bei der wir dem Leid, wie wir es erleben, einen besonderen Sinn geben können. Aussagen wie »Gott will mich prüfen« oder »Ich habe es verdient, weil ich sündig bin« deuten das Leid von einem fest umrissenen Weltbild her und nehmen ihm so etwas von seiner Härte.

Diese Reaktionen sind für mich eine Art Verrat an einem Teil unserer inneren Wirklichkeit. Wir nehmen etwas in uns nicht ernst. Wir ersparen uns Leid, hören damit aber auch nicht die Botschaft, die uns das Leid vielleicht vermitteln könnte. Wir glauben dann, Frieden zu haben. Je größer das Leid, desto stärker müssen die Verdrängungsmechanismen sein, um noch zu funktionieren.

Mich interessiert eine vierte Möglichkeit am meisten: das »Bewohnen« des Leides. Ich meine damit: im Leiden zu sein, es als integralen Bestandteil des Lebens zu sehen, seine Sprache zunehmend besser zu verstehen und es selbst zu einem Ausdruck meiner Person werden zu lassen. Wenn ich unter Einsamkeit leide, sage ich damit indirekt etwas über meine Wertschätzung von Beziehung aus. Mein Leid ist ein Gebet um Bruderschaft. Wenn ich unter dem Abstand zur dritten Welt und der Ausbeutung der dritten durch die erste Welt leide, dann wird das mein Gebet der Solidarität mit den Ausgebeuteten. Dieses Gebet verändert mich und die Welt, weil der Betroffene anders lebt als der Gleichgültige. Wenn ich an der Aufrüstung leide, dann ist das ein Bekenntnisgebet, in dem ich formuliere, daß ich nicht an Macht, sondern an erfinderische Liebe im Umgang miteinander glaube. Wenn ich unter Rassismus leide, dann betet mein ganzes Wesen um die

Möglichkeit auf einer viel tieferen Ebene der Begegnung. Die Orte, wo ich leide, deuten an, wo meine Werte liegen. Darum ist mein Leid ein Ausdruck meines Wesens; es ist meine Sprache. Nicht nur spricht das Leid zu mir, sondern ich spreche durch das Leid auch zur Welt. Aber in jedem Fall muß ich *in* meinem Leiden sein; ich muß es annehmen, ohne mich damit zu arrangieren; ich muß es wahrnehmen, ohne mich von ihm handlungsunfähig machen zu lassen; ich muß die Schmerzen ertragen, ohne sie zu beschönigen oder durch Systematisieren zu verdrängen.

Dies ist kein Lob des Leidens, kein noch so versteckter Masochismus. Ich glaube, daß Leid nur überwunden und sinnvoll erlebt werden kann, wenn wir da beginnen, wo wir sind, uns selbst also nicht etwas vortäuschen. Das Leid zu »bewohnen«, in ihm anwesend zu sein, ist für mich mehr als es anzunehmen, ohne es zu verherrlichen. In dem Leid zu sein ist der Anfang der Verwandlung, nicht im Sinne einer mirakulösen Aufhebung, aber im Sinne des Transzendierens des Leides.

Ich möchte nicht nur bei dem Leid steckenbleiben, sondern aus ihm lernen, durch es wachsen, ich möchte es als Verwandlungsfaktor in meinem Leben einsetzen, weil ich weiß, daß ich mich meistens nur unter Druck wirklich verändere. Dies heißt überhaupt nicht, daß nicht der Versuch gemacht werden kann, das Leid zu verändern. Das Leid bewohnen bedeutet für mich nicht eine Annahme aller Ungerechtigkeit und Kurzsichtigkeit oder gar ein Sich-Arrangieren mit den Mißständen in der Welt.

Leiden ist eine Sprache. Für mich ist es wichtig, zu begreifen, daß es eine existentielle Sprache ist, die vor der verbalisierten Sprache kommt. Ich will nicht mehr von mir verlangen, daß ich selbst meine Diagnose stelle, ehe ich zum Arzt gehe. Das ist für mich vergleichbar mit dem Gebet: Ich leide, weiß noch nicht klar, woran ich leide, verlange aber schon von mir, daß ich es formuliere. Meine Sehnsucht nach Heilung beginnt längst, bevor der Arzt seine Diagnose stellt, genau wie meine Sehnsucht, mein Leid zu verstehen und vielleicht zu überwinden, längst vor dem Zeitpunkt existiert, wo ich es verbalisieren und Gott um Hilfe bitten kann. Der, der bereits artikulieren kann, woran und wie er leidet, schafft sich damit schon ein Stück Befreiung. Zu diesem Schritt finden manche jedoch nicht, und für sie mag es eine Hilfe sein, ihr Leiden selbst schon als Gebet zu verstehen. Gerade in ihrer Stummheit sprechen sie.

Ich verstehe Leid als eine Suchbewegung des Menschen. Im Leid fehlt uns etwas. Zu leiden heißt, das Fehlende zu suchen. Das Leid um jeden Preis loszuwerden, ehe ich seinen Sinn verstanden habe, heißt darum, die Suchbewegung in mir zu verraten. Meistens gelingt uns das gar nicht. Oft können wir das Leid nur verlagern, so stark ist die Suchbewegung in uns. Ich vermute, daß diese Suchbewegung eng verwandt ist mit dem Begriff der Unruhe, in der die Seele des Menschen sich befindet, bis sie Gott findet, wie es Augustinus vor 1600 Jahren ausgedrückt hat. In unserer Suche selbst erfahren wir Gott.

Unser Leid ist darum auch unsere Chance, unsere Wachstumschance. Wir sind über uns selbst hinaus angelegt. Wir sind von der Zukunft her geschaffene Wesen. Leid drängt uns in die Erforschung dieser Zukunft, ob das im medizinischen Bereich ist, wo wir neue Impfstoffe gegen Krankheiten entwickeln, oder im seelischen Bereich, wo wir das Wirken des Unbewußten auf unser bewußtes Leben langsam mehr und mehr verstehen, oder ob das in dem komplexen Bereich der großen Gott- und Sinnfragen ist: Wir stehen in einer Entwicklung, die besser von der Zukunft als von der Vergangenheit her zu verstehen ist und deren Ende offen ist.

In einer Gesellschaft, die leidensscheu ist, ist es schwer, das Leid als etwas Positives oder gar als Sprache zu verstehen. Selbst die Leidenden haben einen Abstand zu ihrem eigenen Leid, weil Leid keinen Platz in der Gesellschaft hat. Sie verschweigen oder verdrängen es. Im Christentum ist das Leid auf eine seltsame Weise verherrlicht worden, was dazu beigetragen hat, die Umstände, die veränderbar gewesen wären und noch sind, nicht zu verändern, sondern darunter zu leiden und es als Wille Gottes zu verstehen. Auch da ist die Sprache des Leides nicht verstanden worden, und so wurde das Leid auch nicht »bewohnt« und konnte nicht zur Sprache des Leidenden werden.

In dem eingestandenen Leiden, das zum Gebet des Wesens eines Menschen wird, schaffen wir auch untereinander eine tiefe Solidarität. Durch unsere Verwundbarkeit öffnen wir uns füreinander. Im Leid erleben wir unsere Empfindsamkeit, aber auch unsere Lebendigkeit. Nur wer noch lebendig ist, fühlt Schmerzen, und nur wer Schmerzen fühlt, kann auch Freude und Glück spüren.

Das Leid zu »bewohnen« heißt für mich auch, gottesgegenwärtig zu sein. Gott ist da, wo das Leid ist. Er stellt sich zu den Unterdrückten, Verachteten, Mißverstandenen, Einsamen, zu denen, die ihr Denken nicht abstellen können, zu den Hungernden und zu den Sprachlosen. Er leidet mit. Kann es ein intensiveres Gebet geben, als mit Gott zu leiden, Gott mitleiden zu lassen an meinen Leiden und so eine Solidarität zwischen Gott und Mensch herzustellen? In unserem Leiden nimmt Gott seine leidende Schöpfung wahr. In unserem Leid nehmen wir Gottes Leid wahr.

Kannst du den Schmerz wahrnehmen,
der das Durcheinander schafft,
ihn aushalten, durchstehen, bündeln
und ausrichten auf Gott,
der ihm den Sinn gibt,

auch wenn dieser Sinn nur ist,
daß du dich konzentrierst
und lernst, dich zu sammeln,
so daß du dich wieder fühlst
und in dir zu Hause bist,
wenn auch im Leid?

Unterwegs sein

Paulus schreibt an die Gemeinde in Rom: »Wir wissen nicht, was wir beten sollen, wie sich's gebührt.« Der Text gilt mir, und ich nehme ihn als Kompliment an. Ob Paulus ihn so gemeint hat oder nicht, weiß ich nicht, aber weil ich unterwegs bin, weiß ich nicht, was ich beten soll. Das, was ich gebetet habe, kann ich nicht mehr beten, weil ich jetzt woanders bin als damals. Ich habe mich weiterbewegt, habe mich entwickelt, bin ein anderer geworden. Weil ich mich verändert habe, hat sich auch mein Bild von Gott verändert. Darum lebe ich in einer anderen Beziehungswirklichkeit mit Gott, und daraus ergibt sich fast zwangsläufig, daß ich nicht mehr weiß, was ich beten soll. Ich muß es erst wieder neu entdecken. Alles andere wäre reaktionär und würde weder mich noch mein sich ständig veränderndes Gottesbild ernst nehmen.

Es gehört allerdings auch zu meiner Entwicklung, daß ich den zweiten Satzteil, »wie sich's gebührt«, nicht mehr nachsprechen will, wenn damit gemeint ist, daß es eine »richtige« oder »gebührende« Art zu beten gibt. Mein Beten entsteht aus meiner Beziehung zu Gott, zu mir selbst und zu meiner Mitwelt. Es orientiert sich nicht mehr an einer äußeren Größe, einem »man«. Es ist der private, intime Austausch, den nur die Austauschpartner bestimmen.

Die ersten Christen wurden von ihrer heidnischen Umgebung »atheoi« genannt – Gottlose, weil sie nicht in den vorgeschriebenen, verständlichen, religiösen Formen lebten. Das kann uns auch heute passieren, wenn wir nach neuen Wegen suchen, unseren Glauben zu leben. Wer im Christentum aufwächst, wächst in den allermeisten Fällen in einem festen System auf, in dem gewisse Handlungen und Haltungen »gottlos« sind, während andere »gottwohlgefällig« sind. Von dieser Sicht aus wird auch die Gebetssprache bestimmt. Daß wir nicht wissen, was wir beten sollen, wird dann meistens nicht akzeptiert. Aber was ist mein Gebet, wenn es nicht *mein* Gebet ist?

Die Christen wurden vor zweitausend Jahren auch als die bezeichnet, »die des Weges sind«. Wenn ich unterwegs bin, verändert sich das Bild der Landschaft. Eines der Zehn Gebote heißt, daß wir uns von nichts ein Bild machen sollen. Ich will mir von nichts ein Bild machen, weil es jede Veränderung des so Fixierten erschwert oder gar verunmöglicht. Weder von Gott noch von mir noch von der Welt, in der ich lebe, mit all ihren Menschen und Menschengruppen, will ich mir ein Bild machen. Nicht mehr zu wissen, was ich beten soll, heißt darum, alles offen und veränderbar zu lassen. Selbst das Gebet, das dann trotzdem zustande kommen mag, ist nur das Gebet des Moments, in aller Vorsicht und Vorläufigkeit gesprochen oder getan.

Diese Haltung rettet uns vor der Institutionalisierung und Verfestigung, in der Gott dann als »bekannt« zu einem Bild erstarrt und so erschreckend verfügbar wird, daß man ihn für alles, auch für jede Zerstörung einsetzen kann. In dem Sinne will ich Gott nicht haben und »gott-los« sein. Wenn wir mit unserem ganzen Wesen offen bleiben, bleiben wir durchlässig für das Leben mit seinen vielen Veränderungen und brauchen nicht mehr uns selbst und andere Menschen zu opfern für die Rechtgläubigkeit. Anstatt neuen Geboten zu folgen und vorformulierte Gebete zu beten, gehen wir das Abenteuer der Entwicklung ein, in der wir fähiger werden, mit den sich verändernden Umständen unseres Lebens umzugehen. Unsere Veränderung, unser Wachstum wird Ausdruck unseres Gebetes sein.

Schluß

Am Schluß bietet sich die Frage an: Ja, gibt es denn etwas, was nicht Gebet ist? Für uns ist die Antwort sicherlich »Ja«, es gibt Taten und Handlungen, die nicht Gebet sind. Aber ob Gott so antworten würde, weiß ich nicht. Ich kann mir vorstellen, daß er in allem unsere Sehnsucht nach ihm sieht, auch in unserer Abwendung und unserer zerstörerischen Haltung. Ich kann mir vorstellen, daß er jede unserer Verirrungen durchschaut und alles Paradoxe unseres Lebens auflösen kann und am Ende den Geist des Menschen unterwegs zu Gott sieht. Vielleicht geht es letztlich nur darum, mich selbst auf diesem Weg zu begreifen und ihn bewußter und entschiedener zu gehen. Ich hoffe, daß dieses Buch dazu anspornen kann.

Ich habe darum hier aufgehört, die Handlungen und Haltungen, die ich als Gebet sehen kann, aufzulisten. Jede Leserin, jeder Leser kann sie weiter für sich entdecken und auf ganz eigene Weise leben. Ich glaube, daß es anstrebenswert ist, nicht mehr nur in den einzelnen Handlungen zu beten und Gott zu sehen, sondern auch noch darüber hinauszugelangen und in einer ständigen Gegenwart Gottes zu leben. Da zerfällt das Leben dann nicht mehr in einzelnes, sondern es wird zu einer Einheit, die beseelt und begeistert ist von Gott. Ob das zu erreichen ist? Ich weiß es nicht, aber ich will die Richtung einschlagen, in der ich es zu finden hoffe.

Inhalt

Handlungen

Zu den Illustrationen

Sämtliche Illustrationen in diesem Buch sind Fotogramme, also Bilder, die nicht mit einer Kamera gemacht worden sind. Ein Objekt wird auf lichtempfindliches Papier gelegt und belichtet. Da wo kein Licht bis zum Fotopapier durchdringt, bleibt das Papier weiß, alles andere wird entweder grau oder schwarz.

Die verschiedenen Grauschattierungen habe ich dadurch erzielt, daß ich die Position der Pflanzen mehrmals verändert habe. Ich habe zuerst einmal kurz belichtet, dann die Pflanzen etwas verschoben und wieder belichtet. Dadurch entsteht ein Muster in Grau, Schwarz und Weiß.

Ich wollte mit diesen Fotogrammen etwas von der ungeheuren Vielfalt, die uns umgibt, andeuten.

Auch die Form auf dem Umschlag ist ein Fotogramm. Es ist ein Schierling, direkt von oben belichtet. Die kleinen runden Flächen sind Samen, die zum Teil schon abgefallen waren.

In der Edition Schaffer im
Kreuz Verlag sind bereits erschienen:

Sehnsucht nach Nähe
ISBN 3-7831-0819-5

Ganz anders könnte man leben
Perspektiven der Hoffnung
(zusammen mit Wilhard Becker)
ISBN 3-7831-0753-9

Ich ahne den wechselnden Weg
Im Tagebuch sich selbst begegnen
ISBN 3-7831-0793-8

Beten über Worte hinaus
ISBN 3-7831-0902-7

Die Reise ins eigene Herz
ISBN 3-7831-0979-5

Die Verbrennung
Eine Entscheidung
ISBN 3-7831-0971-X

Ich will zart sein mit dir
Verzaubern Enttäuschen Erwachen Lieben
ISBN 3-7831-0775-X

Neues umarmen
Für die Mutigen, die ihren Weg suchen
ISBN 3-7831-0739-3

Winter der Gefühle
Vom Durchhalten in schweren Zeiten
ISBN 3-7831-0826-8

Lesebuch
ISBN 3-7831-1006-8

Edition Schaffer im Kreuz Verlag

Entdecke das Wunder, das du bist
Der Wunsch, wirklich lebendig zu sein
ISBN 3-7831-0851-9

Die innere Stimme
Eine BewußtWerdung
ISBN 3-7831-0901-9

GrundRechte
Ein Manifest
ISBN 3-7831-0948-5

Liebendes Wahrnehmen
ISBN 3-7831-1005-X

Wenn Mauern fallen
ISBN 3-7831-1034-3

Wildnis in uns
ISBN 3-7831-1002-5

Wo ich wohne
Ein Jahr in Momenten
ISBN 3-7831-1001-7

Chancen der Offenheit
Briefe, die befreien
ISBN 3-7831-1021-1

Ins Blaue wachsen
Gedanken zum Reifen
ISBN 3-7831-0752-0

Growing into the blue
with photographs by the author
ISBN 3-7831-1031-9

Im Aufwind
ISBN 3-7831-1012-2

Edition Schaffer im Kreuz Verlag